33のテーマで読み解く意匠法

峯 唯夫 ［著］
Tadao Mine

勁草書房

はしがき

　知的財産を学ぶ人たちにおいて、意匠法は取っつきにくい、分かりにくいと感じている人が多いように思います。本書は、そのような人たちにも、意匠ってこういうものなんだ、意匠法って難しいものではないんだ、と意匠・意匠法を身近に感じ、理解してもらうことを目的としています。

　そこで、Chapter 1「デザイン保護と意匠法」では、法律を離れて、デザインとはどういうものであるのか、どのようにして創作されるのか、ということを詳しく説明し、Chapter 2「意匠法と周辺法」では、知的財産法の中における意匠の保護を、周辺法との関係を、具体例を交えて説明しています。これらを読むことによって、意匠・意匠法の知的財産法の中における位置づけを理解することができると思います。Chapter 1、Chapter 2 を理解した上で Chapter 3 以降の各論に進むと、意匠法の全体像を無理なく理解頂けるものと思います。

　本書は、意匠法の重要なテーマを抽出した 33 の Unit で構成されています。各 Unit は基本的に、「設題」「参照条文」「解説」「設題の検討」の項目で構成してあります。設題と条文を読み、自分で考えてみてください。その上で、解説によって Unit のテーマに関する学習をし、その後もう一度設題を考えてください。最後に設題の検討を読むことで、知識が整理されると思います。

　このように、本書は、読んで覚えるだけの本ではなく、読んで考える仕組み（これも「デザイン」です）の本です。そして、設題により、条文解釈だけでなく、具体的場面への当てはめも考えることができ、当てはめを考えることによって、条文解釈が記憶に定着します。

　弁理士試験受験生にとっては、設題を論文試験の問題に見立てて利用することもできると思います。実務で意匠を扱っている方は、各 Unit 末尾の「実務のためのひとこと」が参考になると思います。

　本書によって、読者の方々が意匠・意匠法を身近に感じ、理解し、ひいては意匠制度が活性化することを希望しています。

　本書は、『意匠法コンメンタール〔新版〕』の執筆中にお話しを頂き、2019 年

はしがき

5月のデザインと法協会の設立記念パーティーでお目にかかって企画が具体化しました。気がつくと4年経過し、令和元年の改正意匠法も軌道に乗っているようです。その間お世話頂いた編集部の中東小百合様に感謝いたします。

2023年5月

峯　唯夫

Chapter 3　どのようなものが登録されるのか

Chapter 4　どのようにして権利が作られるのか

Chapter 5　どのように保護されるのか

凡　例

　本文の（　）内において、意匠法を参照する場合は、特別な場合を除いて、法令名を省略し、条数のみを示した。その他、略語は、以下のものを用いた。

〈法令〉

不競法　　　不正競争防止法

施行規則　　意匠法施行規則

〈審査基準・文献〉

審査基準　　　特許庁審査第一部意匠課「意匠審査基準」（令和5年3月22日一部改訂）

『逐条』　　　特許庁編『工業所有権法（産業財産権法）逐条解説〔第22版〕』（発明推進協会、2022年）

斎藤『概説』　斎藤瞭二『意匠法概説〔補訂版〕』（有斐閣、1995年）

高田『意匠』　高田忠『意匠』（有斐閣、1969年）

Chapter 1

デザイン保護と意匠法

　意匠法はデザインを保護する法律といわれています。意匠法がその保護対象としている意匠は物品等のデザインです。したがって、意匠法がデザインを保護するものであることはまさにそのとおりです。

　しかしながら、「デザイン」というのは極めて広範な概念です。令和元年改正で建築物・画像が加わったことからも分かるとおり、意匠法の保護対象とされていないデザイン分野も多くあります。

　例えば、目に見えるものに限っても、タイプフェイス、エクステリアデザイン、公園などの環境デザイン、照明デザインなど幾多の領域に及びます。また、企業のビジネスモデルのような目に見えない「計画それ自体」もデザインと呼ばれています（デザインの語にはもともと計画するという程度の意味合いがあります）。

　このように広範な概念である「デザイン」のうち、物品・建築物・画像に関するデザインのみを対象として保護するのが意匠法です。

　デザイン保護において意匠法は極めて重要な位置を占めていますが、意匠によって全てのデザインが保護されていると考えてはいけません。

　意匠法は第１条で「この法律は、意匠の保護及び利用を図ることにより、意匠の創作を奨励し、もつて産業の発達に寄与することを目的とする。」と書かれているとおり、産業の発達を目的とした産業立法です。産業の発達という見地からいかなる範囲のデザインを意匠法で保護するのが妥当であるか、という観点から今後も意匠法の見直しが行われるものと思われます。

　さて、意匠法で保護対象とされる意匠は、技術的な観点からは特許、実用新案の保護対象となり得ます。そこで、意匠法は形状等に関する創作を「美感」の観点から保護するものであることを宣言したのが「視覚を通じて美感を起こさせるもの」という文言です。

　「美感」と「美観」とは異なる、とはしばしば指摘されることですが、定義における「美感を起こさせるもの」という字句が特許、実用新案との切り分けのために挿入されたと理解すれば、意匠法が美しいか美しくないか、という意味での「美観」を要求していないことは明らかでしょう。

　意匠法の目的、すなわち意匠保護と産業の発達との関係づけについては見解の一致が見られていません。意匠法でいう「産業の発達」とは何なのだろうか、考えてみてください。

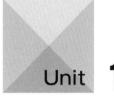

Unit 1

意匠法の目的

参照条文

意匠法

第1条　この法律は、意匠の保護及び利用を図ることにより、意匠の創作を奨励し、もつて産業の発達に寄与することを目的とする。

1　はじめに

　意匠法の目的。条文的にはきれいに書かれており、特許法と同じだな、と。しかし、少し勉強をしてくると、よく分からないと思う人が続出する規定です。

　「よく分からない」は正しいのです。はっきり言って、意匠法の目的については定説がありません。特に、「意匠の保護及び利用を図る」ことと「産業の発達」がどうつながるのか、という点について、現行意匠法制定以来60年以上を経ても、未だ「これが正しい」は勿論「これが妥当だ」という見解の収束はありません。

　意匠を、意匠法という独自の法律によって保護する日本や欧州、特許法によって保護する米国や中国という二つの流れがあることの要因には、意匠保護に対する考え方の違いがあるのだろうと思います。

2　意匠法1条の構造

　意匠法1条を分説すると以下のようになります。

　　ア）この法律は

　　イ）意匠の保護及び利用を図ることにより

　　ウ）意匠の創作を奨励し

　　エ）もって産業の発達に寄与すること

　　オ）を目的とする

　上記１条の構成から、意匠法は「意匠の保護及び利用を図る」ものであること、「意匠の創作を奨励」するものであることが明らかです。このうち、「意匠の保護及び利用を図る」点については意匠法に種々の規定が設けられていますが、「意匠の創作を奨励するものであること」については明確な規定がありません。意匠法の解釈にあたっては「意匠の創作の奨励」という法目的を前提として解釈しなければならない、ということを示すものと理解することになるでしょう。

　このように考えると、「産業の発達に寄与」という文言は、「意匠の創作の奨励」を前提としたものと理解できます。

　「意匠法は創作としての意匠を保護するものである」ということは合意を見ていると言ってよいでしょう。この点、「混同説」といわれるものも、創作保護を前提としていることを忘れてはなりません。混同説を提唱する高田氏も「元来意匠の保護というのは、その意匠の創作の保護という面と不正競争の防止という面とを持っているのであり、創作の保護という面から見れば、同一の創作であるか否かを正面から基準にすればよいのであるが、不正競争の防止という面から見れば、甲物品らしく見せかけて乙物品を儒要者に買わせるほど似ているか否かが問題になるのであって」と書いています（高田『意匠』149 頁）。

　問題は「産業の発達に寄与する」の理解です。その前に、「意匠の保護」と「意匠の利用」について見ておきましょう。

3　意匠の保護

(1) 排他的独占権

　意匠法における意匠保護の構造は、審査主義を採用し（16 条）、登録要件を備えた意匠に対して設定登録（20 条 1 項）により排他的独占権としての意匠権（23 条）を発生させるものです。すなわち、意匠法は創作された意匠に一定期間排他的独占権を認め、意匠権者にその独占的な実施を確保し、第三者による無権限実施を排除する権能を保障することにより意匠の保護を図っているのです。

(2) 保護の骨格

a. 権利主義

意匠法3条は「工業上利用できる意匠の創作をした者は、次に掲げる意匠を除き、その意匠について意匠登録を受けることができる」と規定し、意匠登録を受けることが意匠創作者の権利であることを規定しています（権利主義）。権利主義を担保するために、登録要件が法定され、審査官は拒絶の理由を発見しないときは登録査定をしなければならず（16条）、出願を拒絶しようとするときは拒絶理由を通知しなければならず、出願人は意見書提出の機会が確保されています（19条、特許法50条）。

また、拒絶査定に対しては審判の請求（46条）、審決取消訴訟の提起（59条）が認められています。

b. 保護の強化

意匠保護の強化を図る規定と位置づけられる主なものは以下のとおりです。

物品の部分を意匠として認め（2条かっこ書き）、組物の意匠（8条）を認めることにより、デザインの創作内容に沿ったかたちで意匠登録を受けることを可能とすることにより、保護の強化が図られています。

自己の登録意匠に類似する意匠について、関連意匠として意匠登録を受けることができることとし（10条）、一連のデザイン開発に係る意匠の総合的な保護を可能としています。

登録された意匠は公開されることが原則ですが、登録後3年以内は秘密にする秘密意匠制度を設け（14条）、逆に自己の行為に起因して公知となった場合にも新規性喪失の例外を認める（4条2項）ことにより、意匠登録を受けるために出願人の事業活動が制約されないようにしています。

権利侵害においては、過失が推定され（40条）、損害額の推定規定が置かれる（39条）など権利者の救済が容易となるようにされています。

4 意匠の利用

特許法における「発明の利用」に関しては、実施による利用と文献的利用とがあるとされていますが、「意匠の利用」においては実施による利用が主であ

って、文献的利用は重視されません。意匠は発明と異なり累積的な進歩をするものではなく、かつその創作に際してはデザイナーのオリジナリティーが寄与する部分が大きいためであると考えられます。それだからこそ早期公開や早期出願を促す法目的上の要求もあまりなく、秘密意匠制度や広範な新規性喪失の例外が認められているということができます。

　なお、特許法における新規性喪失の例外の規定は、平成23年改正によって意匠法と同様のものになりましたが、それ以前は、学会発表など一部の行為にのみ例外が認められていました。

　実施による意匠の利用の促進に関しては、意匠権を排他的独占権として構成して権利者による実施を促進する一方で、意匠権を譲渡可能な財産権と位置づけ、譲渡並びに専用実施権（27条）、通常実施権（28条）、利用・抵触関係がある場合の裁定による通常実施権（33条）を認めることにより、その意匠の実施を希望する者が実施することができる枠組みが作られています。

5　意匠保護と「産業の発達」

(1) 問題の所在

　意匠法は「産業の発達」を目的とするものです。単に意匠の創作に保護価値を認めるというものではなく、意匠の創作を保護することが産業の発達に寄与することをその保護の根拠としています。言い換えると、意匠権は産業の発達のために、政策的観点から創設された権利であり、この点で「文化の発展」を目的とする著作権とは基本的な違いがあります。

　しかしながら、「意匠の保護及び利用」と「産業の発達」との関係をどのように捉えるかは、意匠法における大きな論点となっています。特許法と異なり意匠法においてこの点が大きな論点になっているのは、「保護及び利用」と「産業の発達」とを「技術」を媒介として比較的直線的に理解できる特許法と異なり、両者の関連づけが明らかでないこと、そして関連づけにおける見解の相違が、意匠の類否という意匠法の要における見解の相違に直結しているためです。

　主な見解を掲げておきます。

(2) 諸見解

a. 逐条解説（1245-1246頁）

「意匠と産業の発達の関係については幾つかの態様が考えられる。まず、優れた意匠を商品に応用することによって需要が増加し、産業の興隆が実現される場合がある。また、優れた意匠が同時に技術的に優れている場合もあり、技術の進歩ひいては産業の発達が意匠そのものによって直接に実現される場合がある。」

b. 高田忠『意匠』（3頁）

「意匠と産業とはどういう関係に立つものであろうか。

　第一に、意匠は外観であるから一見して容易に模倣される。……意匠法は新規な意匠を登録して、これを模倣者から護り、模倣から生ずる不当競争をなくすことにより産業の健全な発達に寄与するのである。

　第二に、意匠法は新規な意匠を登録して、これを侵害から護り、その商品化を促進し、内外の需要を増大せしめ、もって産業の発達に寄与するのである。

　第三に、装飾的な意匠はともかくとして、機能的な意匠であってすぐれたものは同時にまた技術的にも優秀であり、それが基礎となって次の技術や意匠を生み出し、それによって産業の発達に寄与するのである。

　第四に、工作機械その他生産財といわれるものの優秀な意匠はその利用によって生産能率を高め、そのため産業の発達にも寄与することになるのである。」

　高田氏はこのような見解に基づき、意匠の類否判断において「需要者における混同」をメルクマールとした「混同説」と呼ばれている見解を提示しています。

c. 加藤恒久『意匠法要説』（22頁）

「意匠法の目的の『産業の発達』は、意匠の創作コストを負担した者が自由競争市場において敗者とならないように協業秩序を確保するという意味と、意匠が新しい需要を掘り起こし全体の需要を増大する価値を有するため、その保護が国家的見地からみて産業の発展に貢献するという意味において理解されねばならない」

　加藤氏はこのような見解に基づき、意匠の類否判断において「需要の喚起」をメルクマールとした「需要説」と呼ばれている見解を提示しています。

d.　斎藤瞭二『意匠法概説〔増補版〕』（39頁）

　「この法において企図される産業の発達が経済の発展にあるとしても、それは、自由な競争場裡において公正な協業秩序を形成し、それによって新たな財、すなわち新たな富の創出を促し、総体としての産業の発達を企図するものなのである。

　ここにおいて競争の根底におかれるのは、それぞれの知的財産を創作者の財として尊重する社会的秩序なのである。個々の企業にとってはそれが競争の武器であるとしても、一方、その創造の総体が国、社会全体の富となることが予定されたものなのである。」

　斎藤氏の見解は、類否判断においては意匠の創作を重視したものとして展開されます。

（3）まとめ

　納得できる見解はありましたか。

　上記において、aないしcの見解とdの見解とでは、「産業」「産業の発達」のとらえ方に大きな隔たりがあるように思われます。前者においては「産業の発達」は生産・販売の増大、あるいは生産の効率化として捉えられています。他方、斎藤氏が「個々の企業にとってはそれが競争の武器であるとしても、一方、その創造の総体が国、社会全体の富となることが予定されたものなのである。」というとき、意匠法の恩恵を受ける者を、意匠創作の恩恵を受ける者を生活者（需要者）まで広げています。

　ところで、これら諸見解は、意匠法の保護対象が「物品の意匠」のみであった時代のものです。「需要説」の支持が比較的多いように思いますが、保護対象が「建築物」「内装」まで拡大された今、「需要の増大」という捉え方は維持できないのではないかと思います。例えば、建築物の意匠である「駅舎」や「店舗」は、それ自体が販売されるものではありません。これらの意匠の登録と、その意匠の実施品の需要の増大とは結びつかないのです。

6　「デザイン経営」宣言

　意匠法の目的を考える際の参考として、令和元年改正の契機となった「『デザイン経営』宣言」（経済産業省・特許庁 2018 年 5 月 23 日）の抜粋を掲げます。

　「デザインは、企業が大切にしている価値、それを実現しようとする意志を表現する営みである。それは、個々の製品の外見を好感度の高いものにするだけではない。顧客が企業と接点を持つあらゆる体験に、その価値や意志を徹底させ、それが一貫したメッセージとして伝わることで、他の企業では代替できないと顧客が思うブランド価値が生まれる。さらに、デザインは、イノベーションを実現する力になる。なぜか。デザインは、人々が気づかないニーズを掘り起こし、事業にしていく営みでもあるからだ。供給側の思い込みを排除し、対象に影響を与えないように観察する。そうして気づいた潜在的なニーズを、企業の価値と意志に照らし合わせる。誰のために何をしたいのかという原点に立ち返ることで、既存の事業に縛られずに、事業化を構想できる。」

7　グッドデザイン賞

　「G マーク」として馴染まれているグッドデザイン賞。これは、1957 年に通商産業省（現在の経済産業省）が主催した「グッドデザイン商品選定制度（通称 G マーク制度）」に由来するもので、創設には高田忠氏も寄与しています。模倣を防止するためにはオリジナリティのあるデザインを奨励することが重要だという動きから誕生したものです。

　その目的は時代と共に変化し、現在その主催者（日本デザイン振興会）は次のように記しています。

　「グッドデザイン賞は、……製品、建築、ソフトウェア、システム、サービスなど、私たちを取りまくさまざまなものごとに贈られます。かたちのある無しにかかわらず、人が何らかの理想や目的を果たすために築いたものごとをデザインととらえ、その質を評価・顕彰しています。

　さらに、複雑化する社会において、課題の解決や新たなテーマの発見にデザインが必要とされ、デザインへの期待が高まっています。グッドデザイン賞は、

審査と多様なプロモーションを通じて、デザインに可能性を見出す人びとを支援し、デザインにできること・デザインが生かされる領域を広げ、私たちひとりひとりが豊かに、創造的に生きられる社会をめざしています。」（グッドデザイン賞 HP)

　デザインとして捉える領域の広がり、生活者との繋がりが読み取れます。意匠や意匠法の目的を考える上で、参考になると思います。

Unit **2**

意匠とデザイン

1　意匠とデザインの異同

　意匠法はデザインを保護する法律だ、といわれています。確かに、意匠法はデザインという行為の成果物である「意匠」を保護していますから、一応正しい表現ではあると思います。しかし、意匠法がデザインを保護しているとはいっても、それはデザインのごく一部を保護しているに過ぎません。一部というのは、領域の問題と深さの問題です。

　領域の問題というのは、意匠法が保護するのは「物品」「建築物」「画像」に係るデザインのみが対象であるということ。デザインの領域は物品等に係るものだけでなく、環境デザイン、都市デザインのような「人の生活にかかわるあらゆるもの」に及びます。近年では「デザイン経営」という言葉も使われ、Gマークでは「輸送システム」というような無形のデザインも対象とするようになっています。

　深さの問題というのは、意匠法は「成果物」を「形状等」として把握して保護するのであり、そこに思想性を明確には認めていないということです。

　先ほど「デザインという行為の成果物」と言いました。この表現にアンテナが反応した方はいるでしょうか。デザインという言葉は「する」という使役動詞を付けて動詞形になります。すなわち「行為」を含む言葉なのです。他方「意匠」はどうでしょうか。「意匠する」という表現はありません。法律も「意匠の創作を（する）」と表現し、その創作者は「意匠の創作をした者」です。「意匠」という言葉は「DESIGN」という英語の翻訳とされていますが、行為を含む「デザイン」と成果物のみを意味する「意匠」との間には大きなギャップがあるようです。

2　意匠と思想

　「発明」という日本語は「発明する」という動詞形になります。そこで法律も「発明を（する）」と表現し、その創作者は「発明者」と表現されています。

　「行為」はいかなる行為であれ「思想」（アイデア）が背景にあります。こうしたいからこうする、ということです。発明という行為は、「こういう問題点を解決したい」という思想を背景にもって行う行為であり、法律もこれを「技術的思想の創作」という言葉で表現しています。ところが、「意匠」という言葉には「行為」が含まれていません。他方「デザイン」は、課題解決の計画とその結果と理解されています。意匠法には「計画」（思想、アイデア）の文字が欠落しています。

　さて、ここに大きな問題が生じてきます。有り体に言えば、意匠に思想性を認めて創作の視点を重視して特許的に位置づけていくのか、それとも単に「物品等の色や形」という成果の面のみで捉えて市場における識別性を重視して標識法的（商標法的）に位置づけていくのか、ということです。

　日本の意匠法は、法律の建て方はおくとして、特許庁の審査では「思想」を考慮する方向にあったということができます。ある審査官は、世界で一番「バウハウス」的な審査（機能と形態の関係を重視した意匠評価）をしているのは日本だ、と言っています。他方、欧州共同体意匠規則は市場における価値（区別性）を重視しつつも、特許とも商標とも異なる位置づけ（デザインアプローチ）をしています。

3　デザインの開発

　さて、デザインって何なんだ、に戻ります。「物品のデザイン」に的を絞って、デザインを見ていきたいと思います。

　「物品のデザイン」は、その成果物としては「物品」の色や形として表現されます。では、その色や形はどのようにして作り出されるのでしょうか。使い勝手がよく、美しい色や形を作り出すのがデザインですが、色や形には裏付け、ある意味の必然性があります。

　デザイン開発の流れをステップごとに示すと、おおむね以下のようになります。

---

①従来品の問題点の抽出・把握

②問題点を解決するための理念的な提案（商品コンセプト）

　商品コンセプトにおいては、使用者や社会にどのような利益（使いやすさ、心地よさ、作りやすさ、環境負荷の軽減など）を提供できるか、他社との差別化を図れるか、という点が重要視される。

③問題点を解決するための（＝商品コンセプトを実現するための）造形的な提案（デザインコンセプト）

　同じ商品コンセプトから提案されるデザインコンセプトはデザイナーによってまちまちになる。このデザインコンセプトに基づいて具体的に造形していく。

④提案の検証

　量産に適するか、コストの評価など

⑤最終デザイン（意匠）の決定

　どうですか。発明の過程と同じではないでしょうか。実際にデザイナーは①②の過程では技術者と共同することもしばしばです。勿論デザイナーにも得手不得手があります。①②は手がけずに③ないし⑤のみを手がけるデザイナーもいます。しかし、彼等とても①②の成果をベースにして造形作業を行うのです。単に「見栄えのよい日本酒のワンカップ容器をデザインしてくれ」という要求に応える作業が無いとはいいません。ファッションデザインの多くはそうでしょう。しかし、インダストリアルデザインといわれるものは、ほとんどが①ないし⑤の過程を経て世に出ているのです。

　以下、「日本酒のワンカップ容器」のデザイン開発を例にとって見ていきます。

［従来品の問題点］

　従来の日本酒の容器（ワンカップ容器）は、1合程度を入れられるコップ型であり、女性にとっては手に取ることに抵抗がある。

［商品コンセプト］

　ちょっとオシャレに、少量の日本酒を飲み比べるための容器。

　女性が抵抗なく手に取ることのできる形状として、容量も減らす。容量を減らすことによって、飲み比べのできる商品を目指す。

[デザインコンセプト]

　プラスチック容器でありつつ、古来から日本酒を飲むための道具である「升」をイメージさせる容器とする。また、飲み比べのための情報を提供できるようにする。

[具体的な造形]

　おしゃれ感を出すために、「升」をイメージさせる形状とする。プラスチック製とすることもできるが、プラスチックの質感が升とは合致しない。プラスチックの場合、全ての面に印刷することはコストがかさみ、情報提供の面からも適切でない。

　そこで、日本酒を入れる内容器と、升をイメージさせる外容器の二重構造とし、内容器はプラ、外容器は紙として、外容器の全面に印刷を施して、飲み比べのための情報を表示する。

　このような構成は、技術的観点から特許の対象となり、造形的観点から意匠登録の対象となります。勿論、創作の着眼点と権利取得のための着眼点（経営的判断など）とは異なる場合があります。

　次に、実際の登録例を見てみましょう。

意匠登録第 1444790 号

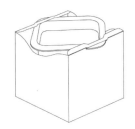

【意匠に係る物品の説明】

　この物品は、内容器に日本酒などの飲料を充填した後、内容器の上面開口部をフィルムなどで密封して用いる包装用容器である。飲用時には、内容器を升箱内で水平方向に回転し、升箱の左右側壁上縁に形成されたスリットに内容器のフランジを係止させて内容器と升箱とを固定して使用する。

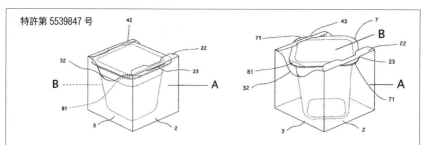

特許第 5539847 号

【請求項 1】

　上部が開口した平面視多角形の外容器と、この外容器に回転可能に収納された内容器とを備え、

　　前記外容器の側壁にはスリットが形成され、

　　前記内容器には外向きに突出した係止片が形成され、

　　飲用時には、前記内容器を回転させて係止片を前記スリットに係止することにより前記内容器を外容器に固定できるようにした、

　　包装用容器。

　登録例を見ると、意匠では容器の形状が略立方体に特定されています。創作者が他の形状も考えたとしても、どの程度の形状の変化が権利に含まれるかは「類似」の問題になります。他方、特許では「平面視多角形」という以外、形状は特定されていません。内容器を回して外容器に引っかかる、という仕組みは特許によって保護されているといえます。

　ここから、意匠権は特許権よりも弱い、という考えが出てくるのですがそうとも言い切れない場合があります。Unit 4 では、具体的な説明も用意してありますので、楽しみに読み進めてください。

実務のためのひとこと

　意匠と発明とは親しい関係にあります。技術者が考えたから「発明」、デザイナーが考えたから「意匠」という、機械的な切り分けをしないようにしてください。

Chapter **2**

意匠法と周辺法

　この章では、意匠法と他の産業財産権法（特許法、実用新案法、商標法）、著作権法、そして不正競争防止法との関係を考えます。

　産業財産権法において、意匠法ほど他の法領域との関係が深いものはありません。意匠法においては、特許（発明）、実用新案（考案）との関係で利用・抵触が規定され、商標権、著作権との間で抵触が規定されています。

　特許法、実用新案法では意匠（権）との利用・抵触は規定されていますが、著作権との関係は規定されておらず、商標権との抵触も立体商標の導入に伴い規定されたものです。なお、商標法では特許権、実用新案権、意匠権、著作権との抵触が規定されていますが、利用の規定はありません。

　広範な利用・抵触関係が規定されているということは、意匠が発明・考案、商標、著作物と極めて近いところにあるということを意味しています。すなわち、意匠である物品等の形態は、技術的観点から発明・考案として把握できる場合があり、物品等の形態は立体商標ともなり得るし、著作物若しくは他人の著作物の複製・翻案である場合もあり得ます。そして、物品に現された模様が他人の商標である場合や他人の著作物である場合もあり得ます。

　そして、意匠と応用美術の著作物との関係も、裁判での争点になることがあります。

　また、物品の形態等の保護という観点で考えると、意匠法と不正競争防止法は補完関係にあります。

　意匠法は、出願・審査・登録という手順を踏んで排他的独占権である意匠権を発生させて意匠を保護しています。他方不正競争防止法は、他人の商品形態の模倣禁止（不競法2条1項3号）、あるいは商品表示性を取得した商品形態の使用禁止（同1号、2号）という行為規制の形で、商品形態の保護を図っています。両者の保護の根拠は全く異なりますが（前者は創作保護、後者は不正な競争行為の排除）、商品形態の保護という結果が得られる点では一致しています。

　現実には、ファッションデザインや、意匠登録を受けていない商品形態の保護などにおいて、不正競争防止法は活用されています。

　この章では、創作である意匠において発明、商標、著作物との関係をどのように考えるのかという課題に焦点を当てて解説し、利用・抵触については Chapter 6 で解説します。

意匠法と不正競争防止法

【設題】

チョコレートメーカー A 社は、右に示すバラ型チョコレートを意匠登録出願したところ、意匠法 3 条 2 項に該当するとして拒絶査定を受け、拒絶査定は確定している。

A 社はバラ型チョコレートを 2022 年 10 月に販売を開始し、ギフト用チョコレートと評判になり、その商品の形態は、2025 年 2 月には女子高校生を中心に広く知られていた。

他方チョコレートメーカー B 社は A 社の商品にそっくりの形態のバラ型チョコレートを 2024 年 5 月に販売を開始し、C 社は 2026 年 8 月に販売を開始した。

A 社は B、C 社によるバラ型チョコレートの販売を差し止めることができるか。

参照条文

意匠法

第 3 条（1 項省略）

2　意匠登録出願前にその意匠の属する分野における通常の知識を有する者が日本国内又は外国において公然知られ、頒布された刊行物に記載され、又は電気通信回線を通じて公衆に利用可能となつた形状等又は画像に基づいて容易に意匠の創作をすることができたときは、その意匠（前項各号に掲げるものを除く。）については、同項の規定にかかわらず、意匠登録を受けることができない。

不正競争防止法

第 2 条　この法律において「不正競争」とは、次に掲げるものをいう。

一　他人の商品等表示（人の業務に係る氏名、商号、商標、標章、商品の容器若しくは包装その他の商品又は営業を表示するものをいう。以下同じ。）として需要者の間に広く認識されているものと同一若しくは類似の商品等表示を使用し、又はその商品等表示を使用した商品を譲渡し、引き渡し、

譲渡若しくは引渡しのために展示し、輸出し、輸入し、若しくは電気通信回線を通じて提供して、他人の商品又は営業と混同を生じさせる行為

二　自己の商品等表示として他人の著名な商品等表示と同一若しくは類似のものを使用し、又はその商品等表示を使用した商品を譲渡し、引き渡し、譲渡若しくは引渡しのために展示し、輸出し、輸入し、若しくは電気通信回線を通じて提供する行為

三　他人の商品の形態（当該商品の機能を確保するために不可欠な形態を除く。）を模倣した商品を譲渡し、貸し渡し、譲渡若しくは貸渡しのために展示し、輸出し、又は輸入する行為

（以下省略）

▶ 検討のポイント

☑　意匠法3条2項による拒絶の意味合い
☑　不正競争防止法2条1項1号
  • 商品等表示
  • 周知
  • 同一又は類似
  • 混同のおそれ
☑　不正競争防止法2条1項2号
  • 著名
☑　不正競争防止法2条1項3号
  • 他人の商品の形態
  • 模倣
  • 適用除外

▶ 解説

1　意匠法3条2項

　意匠法3条2項は、公知の意匠や物品を離れた形状、模様から当業者が容易に創作できた意匠の登録を排除する規定であり、意匠登録の要件として「創作非容易性」を要求するものである。

　Aのバラ型チョコレートの意匠は、その形態がごく普通のバラの花の形状をほとんどそのままチョコレートの形状としたものであるところ、花の形状を

モチーフとしてチョコレートの意匠とすることは普通に行われていることであるところから、その登録を拒絶されたものと評価できる。

　Aのバラ型チョコレートの意匠が3条2項に該当するとした審査における判断は、妥当なものであろう。

　Aは、バラ型チョコレートの意匠に関して意匠権を取得していないのであるから、B、Cによるバラ型チョコレートの販売を差し止めるためには、意匠権に頼ることはできない。考えられる手段は、不正競争防止法2条1項1号、2号、又は3号である。

2　不正競争防止法2条1項1号

(1) 趣旨

　不正競争防止法2条1項1号は、他人の周知な商品等表示を使用することにより他人の商品又は営業と混同を生じさせる行為（混同惹起行為）を不正競争行為として位置づけ、営業上の利益を侵害され、又は侵害されるおそれのある者に販売などの差止請求権を認めている（不競法3条）。

　本号の規定により他人の販売行為などの差止めが認められるためには、以下の要件が要求される。

　① 商品等表示であること
　② 需要者の間に周知であること
　③ 他人の商品等表示と同一又は類似であること
　④ 他人の商品又は営業と混同を生じさせること

(2) 商品等表示

　1号はかっこ書きにおいて、商品等表示を「氏名、商号、商標、標章、商品の容器若しくは包装その他の商品又は営業を表示するもの」と定義している。商品の立体的形状は「商標」なので（商標法2条1項1号）、バラ型チョコレートという商品の形状は「商品等表示」として保護される可能性がある。

　しかしながら、本来的に商品等表示としての性質を備えている文字商標などとは異なり、商品の形状は本来的に商品等表示としての性質を備えているもの

ではない。商品の形状は、一義的には商品等表示（商標）としては認識されないが、長期間にわたる販売、宣伝広告などによりその商品の形態が需要者の間に広く知られるに至った場合には、出所を表示する機能を備える場合があり、その場合に限り、商品の形状が商品等表示（商標）と評価され、本号における保護の対象となる。

(3) 周知

　需要者の間で周知であることが必要である。上記の通り、商品自体の形状はその商品等表示性が認められるために周知であることが要求されるので、事実上「商品等表示」に該当するかと「周知」であるかとはまとめて判断されることになる。

　ここでいう需要者とは、当該商品の需要者のことである。では、当該商品とは何か。周知性の認定においては商品のシェアも重視される。「当該商品」を絞り込めばそれだけシェアは高まり、周知の認定を受けやすくなる。「ミルクティー」の容器の周知性が争われた事案で、当該商品を「ミルクティー」に絞り込んで周知性を認定した事例がある（「ロイヤルミルクティー事件」大阪地判平成9年1月30日裁判所ウェブサイト（平成7年(ワ)第3920号））。当該商品を「紅茶」であるとか「コーヒーを含めた茶」と特定したならば果たして周知性が認められただろうか、と考えるとおもしろい事案である。

(4) 同一又は類似

　本号は市場における混同を防止するための規定であり、商標法と同じ趣旨である。したがって、本号における類似は商標法における類似と同様、取引の実情の下において、取引者又は需要者が両表示の外観、称呼又は観念に基づく印象、記憶、連想等から両者を全体的に類似のものとして受け取るおそれがあるか否かを基準に判断すべきものと解される（「マンパワー事件」最判昭和58年10月7日裁判所ウェブサイト（昭和57年(オ)第658号））。創作保護を趣旨とする意匠法における類似とは異なる点に留意されたい。

(5) 混同

　混同は、現実に混同が生じていなくとも、混同のおそれがあればよい。類似を上記のように解する場合、類似であれば原則として混同が生ずることになる。

　原告商品と被告商品との形状が酷似していても、異なる商標が表示されている場合はどうであろうか。商標が異なるので混同のおそれはない、という解釈もあり得ようが、形状自体の保護価値が極めて低い場合を除き（「コイルマット事件」東京高判平成6年3月23日裁判所ウェブサイト（平成3年(ネ)第4363号））、異なる商標が表示されているとしても混同のおそれが肯定されている。

3　不正競争防止法2条1項2号

(1) 趣旨

　不正競争防止法2条1項2号は、他人の著名な商品等表示の冒用行為を不正競争行為として位置づけたものである。

　著名表示が備える高い信用・名声・評判は財産的価値として評価することができる。著名商標の冒用は、この財産的価値を侵害するものということができ、その保護において混同の有無は必ずしも重要ではないと考えられる。本号は、著名な商品等表示の冒用行為について、1号と異なり、混同を要件とすることなく不正競争と位置づけるものである。

(2) 著名

　1号では「周知」で足りるが、2号では「著名」であることが要件とされる。

　具体的にどの程度知られていれば「著名」といえるかについては、著名表示の保護が広義の混同さえ認められない全く無関係な分野にまで及ぶものであることから、全国的に知られていることが必要であると解されている。

4　不正競争防止法2条1項3号

(1) 趣旨

　不正競争防止法2条1項3号は、他人の商品の形態を模倣した商品の販売等

（形態模倣行為）を不正競争行為として位置づけ、営業上の利益を侵害され、又は侵害されるおそれのある者に販売などの差止請求権を認めている（不競法3条）。

本号は、個別の知的財産権の有無にかかわらず、他人が資金・労力を投下した成果を他に選択肢があるにもかかわらずことさら完全に模倣して、何らかの改変を加えることなく自らの商品として市場に提供し、その他人と競争する行為（デッドコピー）を、競争上不正な行為として位置づけ、開発者にインセンティブを付与しようとするものである。

本号の規定により他人の販売行為などの差止めが認められるためには、以下の要件が要求される。

① 他人の商品の形態の模倣であること
② 当該商品の機能を確保するために不可欠な形態でないこと
③ 日本国内での最初の販売から3年以内であること（19条1項5号イ）
④ 模倣した商品であることを知らずに（善意かつ無重過失）譲り受けた者の
　行為でないこと（19条1項5号ロ）

(2) 他人の商品の形態の模倣

① 他人の商品の形態

「他人」とは、上記本号の趣旨に基づき、自ら資金・労力を投下した者すなわち商品の開発者ということになる。しかし、「他人」は「開発者」に限られるという判決（「キャディバッグ事件」東京地判平成11年1月28日裁判所ウェブサイト（平成10年（ワ）第13395号））の他、「独占的販売権者」も「他人」に含まれるとの判決（「ヌーブラ事件」大阪地判平成16年9月13日裁判所ウェブサイト（平成15年（ワ）第8501号の2））がある。

「商品の形態」とは、需要者が通常の用法に従った使用に際して知覚によって認識することができる商品の外部及び内部の形状並びにその形状に結合した模様、色彩、光沢及び質感をいう（2条4項）。通常の用法において認識できることが必要であるから、カバンなどの内部形状は含まれるが（「ショルダーバッグ事件」東京高判平成13年9月26日裁判所ウェブサイト（平成13年（ネ）第1073号・第3102号））、切断しなければ認識できないホースの内部形態は含まれない（「ドレンホース事件」大阪地判平成8年11月28日裁判所ウェブサイト（平成6年

（ワ）第 12186 号））。また、「物品」を単位とする意匠法と異なり「商品」が対象であるから、意匠法では多物品・多意匠として保護対象から外れることのあるセットものも、セット全体としての形態が保護の対象となる（「タオルセット事件」大阪地判平成 10 年 9 月 10 日裁判所ウェブサイト（平成 7 年（ワ）第 10247 号））。なお、タオルセット事件の事案は、現行の意匠審査基準では一意匠として登録される可能性があろう。

② 模倣

「模倣する」とは、他人の商品の形態に依拠して、これと実質的に同一の形態の商品を作り出すことをいう（不競法 2 条 5 項）。依拠が要件とされるので、他人の商品を知らずに独自に開発した結果、他人の商品と実質的に同一の形態となった場合は含まれない。独自開発であれば、その者もコスト・労力を負担しているからである。実質的に同一とは、完全に同一でなく相違点があるとしても、全体からすると微差である場合を含む意味である。地裁と高裁とで同一性の判断が分かれた例として、「ドラゴンソードキーホルダー事件」（東京地判平成 8 年 12 月 25 日裁判所ウェブサイト（平成 7 年（ワ）第 11102 号）、東京高判平成 10 年 2 月 26 日裁判所ウェブサイト（平成 8 年（ネ）第 6162 号））がある。

(3) 機能を確保するために不可欠な形態でないこと

機能を確保するためにどうしても採用しなければならない形態、すなわち機能を確保するために一義的に決まってくる形態を本号により保護することとすれば、同種の商品の販売を独占させる結果となり、本号の趣旨に反する。そこで保護対象から除外している。

(4) 日本国内での最初の販売から 3 年以内であること

最初の販売から 3 年を経過したものは保護の対象とならない。開発コストの回収期間と他の知的財産法による保護とのバランスを勘案したものである。この規定は保護の終期を規定するものであり、販売開始前であっても見本市への出品など、模倣が可能となった場合は保護が開始されると解される。

3 年の始期は、開発、商品化を完了し、販売を可能とする段階に至ったこと

が外見的に明らかになった時であると解される。この時から、先行開発者は、投下資本回収を開始することができ得るからである（「加湿器事件」知財高判平成 28 年 11 月 30 日裁判所ウェブサイト（平成 28 年（ネ）第 10018 号））。

(5) 模倣した商品であることを知らずに譲り受けた者の行為でないこと（善意・無重過失）

　取引の安全を図るために適用除外としたものである。善意・無重過失であるから、単に知らなかったというだけでは除外されない。

▶ 設題の検討

1　不正競争防止法 2 条 1 項 1 号・2 号

　上記の通り、商品の形態が商品等表示として 1 号の保護を受けるためには、当該商品の形態が需要者の間に広く知られていることが必要である。本号は創作を保護するものではなく商品の形態を「商品等表示」の観点から保護するものであるから、他にバラ型チョコレートが存在しない限り、意匠法 3 条 2 項により拒絶査定を受けていることは本号における保護の支障とはならない。

　A のチョコレートはギフト用チョコレートであり、その主な需要者は女子高校生である。そうすると、B のチョコレートと混同する主体は主として女子高校生であり、A のチョコレートの形態が、特定の者（A という具体的な名称が想起される必要はない）の出所を表示するものとして女子高校生の間で広く知られていれば、本号における商品等表示と位置づけられることになる。

　A のチョコレートの形態が商品等表示に該当する場合、B の商品は A の商品の形態とそっくりであるから、「同一又は類似」の要件を満たし、原則として混同を惹起するものと評価される。

　A の商品の形態が周知性を獲得したのは 2025 年 2 月以降であるから、2024年 5 月に販売を開始した B に対して本号に基づいて差止めを求めることはできない（不競法 19 条 1 項 3 号）。他方、周知になった後である 2026 年 8 月に販売を開始した C に対しては、本号に基づいて差止めを求めることができる。

　本件においては、女子高校生の間で周知となっているに止まるので、「著名」

ということはできず、2号には該当しないと考えられる。

2 不正競争防止法2条1項3号

上記の通り、Aのバラ型チョコレートの形態が3号の保護を受けるためには、BがAの商品形態を模倣した事実が要求される。設題によれば、Aの商品が市場で好評を得ているのを知ったBが、これに便乗しようとして同じ形態のチョコレートの販売を開始したものと考えられる。そして、両者の形態はそっくりである。

また、チョコレートの形態をバラ型とすることが機能必然的な形態ということはあり得ず、A以前にバラ型チョコレートが存在していない限り、Aの開発行為と評価することのできないありふれた形態ということもできない。そしてBはAと同業者であるから善意・無重過失に該当することもない。

そうすると、Bのバラ型チョコレートの販売行為は、3号に該当するということができる。ただし、3号による保護は発売後3年までであるから、その保護は2025年10月に終了する。その後の保護は「商品等表示」であることを前提として、1号に委ねることとなる。

3 その他

Aのバラ型チョコレートの形態が著作権により保護される可能性に関しては、否定的に考えざるを得ない。工業的量産品の形態などが著作権で保護されるためには、美的観賞の対象となることが要求されているところ（Unit 6を参照）、バラ型チョコレートの形態が美的観賞性を備えているとは考えにくいからである。

実務のためのひとこと

不正競争防止法2条1項3号で3年間保護されるから意匠登録はしない、という対応がしばしば見られます。しかし、思った以上にロングライフ商品になることもあります。意匠法における新規性喪失の例外の適用期間である1年経過時までに、意匠出願の要否を再検討することをお勧めします。

意匠と発明

【設題】

　車椅子メーカーであるＡ社は、車椅子の新しい構造の背もたれを開発し、その構造について特許権を取得した。この背もたれは、独特の形状となっていた。そこでＡ社は、背もたれの形状についての意匠権も取得した。

　(1) Ａ社が、特許権と意匠権の双方を取得したことの意義を検討せよ。

　(2) 意匠権に、5条3号の無効理由があるか検討せよ。

参照条文

意匠法

第5条　次に掲げる意匠については、第3条の規定にかかわらず、意匠登録を受けることができない。

（中略）

三　物品の機能を確保するために不可欠な形状若しくは建築物の用途にとつて不可欠な形状のみからなる意匠又は画像の用途にとつて不可欠な表示のみからなる意匠

▶ 検討のポイント

☑　意匠と発明・考案

☑　意匠権と特許権の相互補完

☑　意匠法5条3号

▶ 解説

1　意匠と発明・考案

(1) 創作である点で共通する

　意匠の定義（2条1項）に創作の文字はない。しかし、このことは意匠が創作であることを否定するものではない。意匠法1条に「意匠の創作を奨励し」

とあることから、意匠法が意匠を創作として位置づけていることは明らかである。ちなみに、逐条解説でも「意匠権は特許権、実用新案権と同じく抽象的なアイデアの保護に関する権利である。」と記されている（『逐条』1313 頁）。そして、広辞苑では「意匠」を「①工夫をめぐらすこと。……　②美術・工芸・工業品などの形・模様・色またはその構成について、工夫を凝らすこと。またその装飾的考案」と記されており、日本語の語義としても創作であることとされている。何故意匠法における意匠の定義に「創作」の文字が入っていないのか不思議である。

　他方、特許法 2 条 1 項、実用新案法 2 条 1 項には「技術的思想の創作」とある。

　すなわち、意匠法も特許法・実用新案法も「創作」を保護するものである点で共通している。そして、意匠法は「物品等」の形状等に係る創作を保護し、実用新案法は「物品」の形状・構造・組合せに関する創作を保護し、特許法も「物品」を含む「技術」に関する創作を保護対象としている。しかも、何れの法も「産業の発達に寄与することを目的」としている。

　そうすると、意匠法の保護対象と特許・実用新案法の保護対象とが重なり合うことは当然の理ということができる（Unit 31 参照）。以下、設題の事例に沿ってそれぞれの開発過程を追ってみたい。

(2)　A社の開発

　A社は、車椅子の開発に当たり、以下のステップを踏んでいるはずである。従来の車椅子の背もたれの問題点（折りたたみにくい、座り心地が悪い等）を拾い出し、この開発における中心的な問題点を決定する。次にその問題点を解決するための工夫をする。

　その工夫は、このような形状・構造にすればよい、という提案となるだろう。車椅子という「物」もしくは「物品」自体の問題点を解決しようとしているのだから、開発の対象も極めて具現的になる。この開発は、技術者がおこなうこともあれば、デザイナーがおこなうこともある。技術者もデザイナーも、「既存品の問題点を解決したい」という気持ち・目的は同じである。違うのは基礎となる知識、感性と問題点を解決に導くための手法（アプローチ）である。

　技術者は主として技術の観点から、従来技術の問題点を抽出してその解決手

段を追求するだろう。その結果として得られた技術的な解決手段が「物品の形態」として把握することのできる場合は、「発明」として評価されると共に「意匠」としても評価されることとなる。

　他方デザイナーは主として形状の観点から従来品の形状や構造の問題点を抽出して新たなデザイン（形状や構造）を提案するが、「使いやすさ」などの観点から形状を創り上げることが一般化している。そのデザインが新たな機能を奏する場合は、「意匠」として評価されると共に「発明」としても評価されることになる（Unit 2参照）。

(3) デザイン

　ここで、デザインについてすこし説明することとする。意匠法の目的の理解にも役立つことであろう。

　意匠法はデザインを保護する法律である、と言われることがある。「デザイン」という言葉は非常に広い意味を持っており、経産省・特許庁の「『デザイン経営』宣言」は、デザインの語に、経営の手法までも取り込んでいる。法律の理解としてこれでは広すぎるだろう。

　しかし、インダストリアルデザインの位置づけを考えたとき、単にモノの色や形を作り上げる、という理解では狭すぎる。「生活に必要な製品を製作するにあたり、その材質・機能及び美的造形性などの諸要素と、技術・生産・消費面からの各種の要求を検討・調整する総合的造形計画」（広辞苑）程度の理解が適当だと考える。

　そして、意匠法における「意匠」の語は英語「DESIGN」の意味のものとして採用された経緯があるのだから、意匠法における意匠の語もこのような広がりのあるものとして捉えることが可能である。「意匠」をこのように捉えると、意匠の創作が発明として評価できる、ということは当然のことであると理解できるだろう。

　また、「意匠」を上記のように捉えると、意匠の創作とは物品の形（造形）を通じて技術・生産・消費（需要者にとっての利便性、心地よさなど）をつなぐ作業であるということができる。すなわち、優れた意匠とは単に見た目が美しいということではなく、材料をうまく使い、新しい技術を取り込み、作りやす

く、使いやすくそして需要者の美感を満足させるものということになる。意匠
によって物品の価値が向上するのである。建築物の意匠、画像の意匠も同様で
ある。

　すなわち、意匠法が考える意匠の創作の奨励とは、物品等の価値を向上させ
る物品等の形状等を創作することを奨励するという一面を持つ。意匠を保護す
ることにより、物品等の価値を向上させる形状等を持った製品が市場に流通す
るようになれば、需要者の満足度が高まり、「産業」という側面を通じて国民
生活を豊かにすることができるのである（Unit 1 参照）。

2　特許権と意匠権との相互補完

　先に述べたように、開発の成果を技術の側面から「発明」と捉え、造形（美
感）の側面から「意匠」と捉えることができる場合がある。その場合、何れか
一方で権利を取得すれば十分な保護が得られるだろうか。

　特許権の効力の範囲は請求項に記載された事項等で判断され、意匠権の効力
は図面等に記載された内容で判断される。特許権は、形状等が異なっていても
技術的な構成が共通すれば効力が及び、意匠権は技術的な事項にかかわりなく、
形状等が類似していれば効力が及ぶ。その結果、特許権と意匠権とは、効力の
及ぶ範囲が異なり、守備範囲が違うことになる。

　そこで、特許権、意匠権は相互補完の関係にあり、双方の権利を取得するこ
とによって、強い保護を期待できることになる。

3　意匠法5条3号

(1)　趣旨

　物品の機能を確保するために不可欠な形状若しくは建築物の用途にとって不
可欠な形状のみからなる意匠又は画像の用途にとって不可欠な表示のみからな
る意匠は、本来、特許法又は実用新案法によって保護されるべき技術的思想の
創作であるなど、意匠権として排他的独占権を付与するに適さないものである。
（審査基準第Ⅲ部第6章3.4）。そして、このような意匠に意匠権が設定されると、

第三者がその機能（用途）を有する物品等を実施しようとする場合、この意匠権の侵害になってしまうため、経済活動を不当に制限し、かえって産業発展を阻害する要因になりかねない。そこで、部分意匠の導入（平成10年改正）に伴って5条3号が規定された（『逐条』1263頁。Unit 22も参照）。

「物品の機能を確保するために不可欠な形状……のみ」とは、その形状が専ら①物品の技術的機能を確保するために必然的に定まる形状、又は②物品の互換性確保等のために標準化された規格により定まる形状だけで構成されているものを指すとされている（『逐条』1264-1265頁）。

それでは、「必然的に定まる形状」とはどのようなものか。審査基準には、以下の二つの例が掲げられている（同第Ⅲ部第6章3.4）。

(2) 具体例

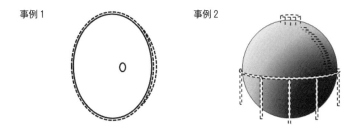

事例1　　　　　　　　　　　　事例2

事例1は、物品「パラボラアンテナ」の内面側部分のみについて意匠登録を受けようとする意匠であり、事例2は建築物「ガスタンク」の球形状の本体部分のみについて意匠登録を受けようとする意匠である。いずれの形状も、機能を得るために計算によって導かれる「必然的に定まる形状」であって、他に選択の余地のない形状である。

これらの「機能を確保するために不可欠な形状」にフレームや足場が付加された場合は、選択の余地が生じるので5条3号の対象から外れることになる。

(3) 形状のみ

「形状のみ」という字句の解釈について、逐条解説においては「物品の技術的機能及び建築物の用途は専ら形状によって体現されることから、意匠の構成

要素である模様、色彩の有無を問わず、その意匠の形状にのみ着目するとの趣旨を表している。この点は、『不可欠な立体的形状と識別力を有する文字、図形等が結合している商標』については保護の余地を残す商標法4条1項18号の趣旨とは相違するものである。」（同1265頁）と説明されている。

▶ 設題の検討

1　設題(1)について

(1) 特許権の効力

　A社の特許発明は「車椅子の背もたれの構造」に係るものであるが、その背もたれは独特の形状をしている。背もたれの形状が魅力あるものであれば、他社が、構造は別のものにしつつ、背もたれの形状が同じ車椅子を販売することも考えられる。

　特許は、背もたれの構造を対象としたものであるから、構造が同じでなければ特許権の効力は及ばない。他社が、背もたれの形状が同じ車椅子を販売したとしても、A社は他社商品を分解して、背もたれの構造を確認しなければ、特許権侵害の有無を判断できない。このことは、税関での輸入差止めが難しいことに繋がる。

　他方、特許は、背もたれの構造を対象としたものなので、構造が同じであれば、形状が違っても効力が及ぶ。

(2) 意匠権の効力

　車椅子の背もたれの形状を対象とした意匠権の効力は、背もたれ部分の形状が同一又は類似の車椅子にその効力が及ぶ。意匠は物品の外観なので、背もたれの構造は、意匠権の効力に影響しない。

　したがって、他社が販売する背もたれの形状が同じ車椅子は、その構造にかかわりなく、意匠権の効力が及ぶことになる。特許権のように、分解して確認する必要はないので侵害行為の発見が容易であり、税関での輸入差止めにも有効である。

(3) 意匠権と特許権の相互補完

以上のように、特許権・意匠権の効力の範囲を検討するならば、特許権と意匠権、何れが強く何れが弱い、という関係ではなく、それぞれ独自の守備範囲をもっているということが理解できる。意匠権と特許権との相互補完によって厚い保護を得ることができる。

A社は自己の開発成果を厚く保護するために、「背もたれの構造」という創作を、「技術」の観点から「発明」と捉え、「デザイン（造形・美感）」の観点から「意匠」と捉えて、特許権と意匠権の双方を取得したものと理解できる。

2　設題(2)について

車椅子の背もたれ部分の意匠は、技術開発に基づき開発された意匠であり、機能に基づく意匠であると考えられる。そして、意匠法5条3号は「物品の機能を確保するために不可欠な形状……のみからなる意匠」は意匠登録を受けることができない旨を規定する。そこで、背もたれ部分の意匠が本号に該当し、無効理由を有するものであるかが問題となる。

しかしながら、特定の背もたれの機能を得るために、その意匠でなければならないことは考えにくいところである。設題における車椅子の背もたれ部分の意匠が、意匠法5条3号に該当することはないであろう。

実務のためのひとこと

技術者が開発したから「発明」、デザイナーが開発したから「意匠」という切り分けが成される場合がありますが、このような切り分けは意味がありません。開発された内容を客観的に把握して、技術の側面からの保護、美的な側面からの保護の何れが適しているのかを考える必要があります。また、開発成果の事業における有用性や他社の動向を予想して、保護の方法を選択する必要もあるでしょう。

Unit 5

意匠と商標

【設題】

　包装用容器のメーカーである A 社は、斬新な形状の紙製の包装用箱をデザインし、2020 年 9 月に意匠登録出願を行い、2021 年 3 月に形状のみの意匠として意匠登録を受けた。

　菓子メーカーである B 社は、A 社から前記包装用箱を購入し、これに商品「チョコレート」を詰めて 2020 年 12 月に販売を開始した。B 社はこの包装用箱について、2023 年 3 月に立体商標（指定商品「チョコレート」、形状と色彩を特定）として登録を受けた。

(1) B 社は立体商標の登録を受けて、包装用箱の A 社からの購入を中止し、2023 年 6 月から社内で生産した同一形状の包装用箱を使用して、商品「チョコレート」を販売した。

　　B 社の行為はどのように評価されるか。また B 社による立体商標の登録により A 社に何らかの制約が生ずるか。

(2) 商社である C 社は、2023 年 7 月に、A 社の包装用箱に類似した形状の包装用箱に包装された「サプリメント」を輸入し、販売を開始した。

　　C 社の行為はどのように評価されるか。なお、「チョコレート」と「サプリメント」とは非類似商品とする。

▶ 検討のポイント

- ☑ 意匠の登録要件と商標の登録要件
- ☑ 意匠権の効力と商標権の効力
- ☑ 権利の抵触
- ☑ みなし侵害
- ☑ 意匠の類似と商標の類似

▶ 解説

1　意匠の登録要件と商標の登録要件

(1) 意匠の登録要件

　意匠の登録要件中、制度趣旨から最も重要なものは、新規性（3条1項各号）と創作非容易性（3条2項）である。意匠法は、意匠の保護及び利用を図ることにより、意匠の創作を奨励し、もって産業の発達に寄与することを目的とするものである（1条）。したがって、新規性のない意匠や容易に創作できる意匠は保護に値しないものとされている。

　意匠法3条1項3号は、公知の意匠に類似する意匠は登録を受けられない旨を規定する。意匠保護の源泉は「創作」、すなわち「美感の創作」であるから、意匠が類似するか否かは、保護に値する美感の創作があるか否かで判断される。具体的には、「需要者に起こさせる美感」（24条2項）に差異があるか否かである。

　類似の判断においていくつかの見解があることは既に紹介したとおりであるが、「混同説」と呼ばれている見解においても意匠法が創作を保護するものであることを根底においていることを忘れてはならない。高田氏は意匠の創作の保護を達成するために「需要者の混同」という要件を提示しているのである。そして、高田氏は「混同」とは「A物品を買おうとしてB物品を買ってしまう」ことであるという。ここに「出所の混同」という概念はない。

(2) 商標の登録要件

　商標の登録要件中、制度趣旨から最も重要なものは、識別力ないしは独占適応性を要求する3条1項各号、並びに出所の混同を防止するための4条1項10号、11号、15号の規定である。商標法は、商標を保護することにより、商標を使用する者の業務上の信用の維持を図り、もって産業の発達に寄与し、あわせて需要者の利益を保護することを目的とするものである（商標法1条）。したがって、需要者が何人かの業務に係る商品又は役務であることを認識することができない商標は、業務上の信用維持につながらないので保護価値がなく（加えて独占にも適さない）、他人の業務に係る商品又は役務と混同を生ずるお

それがある商標を登録して保護することは、「他人」の業務上の信用維持に反することなので保護に値しないものとされている。

そこで、商標の類似は、対比するふたつの商標を同一又は類似の商品について使用したときに需要者が出所を混同するか否かで判断される。商標は識別標識であるから、創作であること、新規であることは要求されない。

また、立体商標の登録に関しては、たとえ形状が新規であるとしても、需要者がその形状を出所表示として認識しないようなものであれば3条1項3号に該当するものとされる。したがって、設題のような包装用箱の形状は、原則として3条1項3号に該当するものとされ、周知性が認められた場合に登録される（3条2項）。しかし、模様が付されている場合は、模様に識別力が認められて3条1項3号をクリアし、登録される場合が多い。

2　意匠権の効力と商標権の効力

(1) 意匠権の効力

意匠権者は、業として登録意匠及びこれに類似する意匠の実施をする権利を専有する（23条）。すなわち、意匠権は登録意匠及びこれに類似する意匠を排他独占的に実施し得る権利である。そして、ここにおける「実施」とは、意匠に係る物品を製造し、使用し、譲渡し、貸渡し、若しくは輸入し、又はその譲渡若しくは貸渡しの申出（譲渡又は貸渡しのための展示を含む。以下同じ）をする行為などである（2条2項）。

物品の意匠に係る意匠権は、物品に係る形態の創作を保護するものであるから、特許権と同様に、その製造から使用まで全てが効力の範囲として規定されている。また、同じく創作を保護するものであることから、同一の意匠のみでなく類似の範囲にも独占権がおよぶものとされている。この点に関し、逐条解説の意匠法23条の項では「意匠権は特許権、実用新案権と同じく抽象的なアイデアを保護する権利である。そして、意匠権については『登録意匠及びこれに類似する意匠』を業として実施をすることができるとした。」と記されている。

(2) 商標権の効力

　商標権者は、指定商品又は指定役務について登録商標の使用をする権利を専有する（商標法25条）。すなわち、商標権は指定商品又は指定役務について登録商標を排他独占的に使用し得る権利である。そして、ここにおける「使用」とは、商品又は商品の包装に標章を付する行為など（商標法2条3項）である。加えて、商品・役務及び商標の類似範囲における使用は間接侵害として規定されるに止まる（商標法37条）。

　商標は商品・役務の識別標識であり、市場における出所表示機能を担保するために商標権が設定される。商標の保護価値として、商標自体の創作価値は考慮されない。如何に独創的なデザインの商標であっても、商標的見地からみれば、デザインの独創性は評価の対象とはならず、あくまでも市場における誤認混同という観点からの評価がされるに止まる。

　識別標識であるからこそ、その効力は指定商品・指定役務という枠が課されるのである。その商標が如何に創作的に高いレベルのものであっても、商標法において指定商品・指定役務の枠を離れて効力を持つことはない。

　商標法は創作とは断絶した世界である。したがって、「類似」の範囲は独占権の範囲ではない。類似の商標が他人に使用されると混同が生じるおそれがあることから、間接侵害として排他権が認められるにすぎない。

(3) 両者の異同

　物品の意匠、建築物の意匠、内装の意匠と立体商標とは、構成要素がほぼ一致するものとなっている。しかし、それは単に構成要素が一致するというだけであり、保護の観点、法的評価の観点は全く異なる。立体商標については設題への当てはめの項で解説するので、ここでは平面商標を例にとって解説する。

　例えば、「北斗七星」をモチーフとした図柄を創作したとしよう。

　この図柄をTシャツの胸に付ける模様として模様部分を対象とした部分意匠の意匠登録出願した場合、審査の第一の観点はその図柄が公知の被服の図柄に類似しているか否か（3条1項各号）である。類似する図柄の被服がなくとも、物品を離れて類似する図柄があれば登録されない（3条2項）。もし同じ図柄が絵として雑誌に掲載されている場合は、3条2項に該当するとされるだろう。

　他方この図柄を、指定商品「被服」の商標として商標登録出願した場合、審査の観点はその図柄が識別機能を持つか否か（商標法3条1項3号）、指定商品「被服」において類似した商標があるか否か（同4条1項11号）である。識別機能を持つためには独創的であることは必要でない。

　そうすると、同じ図柄が絵として雑誌に掲載されていたとしても、被服の分野で出所を表示するものとして普通に使用されていなければ、登録される可能性があるということになる。

　指定商品・指定役務という縛りがあるかないか、そして創作保護か混同防止かという点は、両法の制度趣旨の根幹に関わる問題であり、無視できないものである（Unit 32 参照）。

▶ 設題の検討

1　意匠権・商標権の効力

　設題を考えるに当たり、包装用箱に係る意匠権と、指定商品「チョコレート」に係る立体商標の効力について整理する。

　意匠権の効力は、登録意匠に係る物品を業としての製造・販売・使用などに及ぶ。意匠に係る物品である包装用箱に何を詰めて市場に提供するかは、権利の効力に影響しない。設題において、容器メーカーA社の行為は登録意匠に係る物品を製造し、販売する行為に該当し、菓子メーカーB社における包装用箱に詰めた商品「チョコレート」を販売する行為は、登録意匠に係る物品（包装用箱）を使用する行為に該当する。

　他方、商標権の効力は、商品又は商品の包装に登録商標を付する行為（商標法2条3項1号）、そして登録商標を付したものを譲渡等する行為（同2号）に及び、商品の包装の形状を登録商標の形状とすることが含まれる（同4項）。設題において、菓子メーカーB社における、商品「チョコレート」を包装用箱に包装する行為は1号に該当し、これを販売する行為は2号に該当する。

　加えて、商標法は指定商品又はこれに類似する商品に登録商標又はこれに類似する商標を使用させるために、商標を表示する物を製造等する行為（商標法37条7号）、譲渡等する行為（同6号）を侵害とみなすものとしている。設題に

意匠権と商標権の対比（包装用箱を例に）

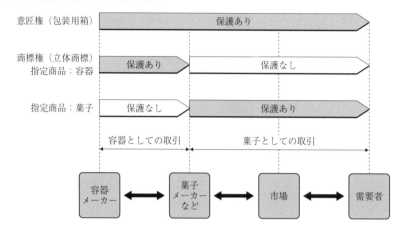

　おいて容器メーカーA社が登録意匠に係る包装用箱を製造販売する行為はこれらに該当する可能性がある。

　意匠権、商標権の効力を図に示すと上のようになる。意匠権の効力は「製造」「販売」「使用」まで含まれるのに対して、商標権の効力は限定的であることが分かる。他方、意匠権は出願後25年で権利が消滅するのに対して商標権は更新が可能であるという利点がある。

　また、意匠法26条および商標法29条は権利の抵触について規定する。すなわち、意匠法26条は、登録意匠又は登録意匠に類似する意匠が先願の他人の商標権と抵触するときは実施できない旨を規定し、商標法29条は使用の態様により先願の他人の意匠権と抵触するときは登録商標の使用をすることができない旨を規定する。

2　設題(1)について

　設題において、A社の登録意匠はB社の登録商標との関係において、先願である。この関係の中で、B社はA社の登録意匠と同一形状の包装用箱を社内で製造しているのであるから、この行為はA社の登録意匠に係る意匠権を侵害するものであり、この包装用箱にチョコレートを詰めて販売する行為も、同じく

A社の意匠権を侵害する行為と位置づけられる。そして、たとえA社が同一形状の包装用箱について「チョコレート」を指定商品とした登録商標を保有しているとしても、商標法29条の規定により使用が禁じられている以上、これらの行為が正当化されることはない。

　他方、A社が登録意匠の包装用箱を製造販売する行為は、原則としてB社の商標権による制約を受けることはない。しかしながら、A社が菓子メーカーであるX社に同じ形状の包装用箱を販売し、X社がこの包装用箱にB社と同じ色彩を付して商品「チョコレート」を詰めて販売すると、それはB社の商標権を侵害することとなる。したがって、A社がX社のために意匠登録に係る包装用箱を製造販売する行為は、X社がB社と同じ色彩を付すことを知っている場合は、商標法37条7号に該当するものとして禁止されることになると解される（『逐条』1687頁）。

3　設題(2)について

(1)　意匠の類似と商標の類似

　意匠は創作を保護するものであるから、登録意匠の類似範囲の認定も、当該登録意匠の創作に着目して行われる。需要者の混同という点を加味するとしても、先に述べたように「出所の混同」という観点ではなく「物品の混同」という観点である。

　他方商標は市場における識別標識としての商標を保護するものであるから、登録商標の類似範囲の認定も出所の混同という観点から行われる。

　同じ立体的形状に係る類否判断であっても、観点が異なる。

　設題に関していえば、「形状が類似した」というとき、意匠としては類似しているとしても商標法の観点からは非類似ということもあり得る。また設題において登録意匠は形状のみが特定された意匠であり、立体商標は形状と色彩が特定されている。創作を保護するという意匠法の観点からは、色彩は単なる選択にすぎないと評価され、色彩が異なっても形状が同一であれば通常は類似と判断される。他方出所の混同を防止するという商標法の観点からは、色彩の存在によって識別性が認められた商標においては、形状が同一であっても色彩が

異なれば非類似とされる余地もある（商標法70条3項は「類似」を前提とした上での色彩変更を許容する規定にすぎない）。

(2) 当てはめ

まず、A社との関係を検討する。

C社の行為はA社の登録意匠との関係において、その包装用箱を使用して「サプリメント」を販売する行為は、A社の登録意匠に係る物品「包装用箱」を使用する行為であり、A社の意匠権を侵害する。

C社は「包装用箱」自体を輸入・販売しているものではないので、2条2項の定義上「意匠に係る物品の輸入・譲渡」には該当しないというべきであろう。

では「使用」の観点からはどうか。C社における「サプリメント」の販売行為は、包装用箱を使用して行われているのであるから、登録意匠に係る物品を使用していると位置づけられ、侵害となる。

B社との関係においては、C社が輸入・販売する商品の包装用箱が商標法的見地からB社の登録商標に類似しているか否かの判断が必要となる。商標法的見地から非類似であれば、C社の行為はB社の商標権と抵触することはない。

設題においては、C社が販売する商品は「サプリメント」であり、B社の登録商標の指定商品「チョコレート」と非類似商品であるから、立体商標の類否に関わりなく、C社の行為はB社の商標権と抵触することはない。

実務のためのひとこと

　意匠出願、商標出願の何れを選択するか、或いは双方を出願するかは悩ましい場合があります。そのとき考えるべきことは、出願対象において、デザイン性と識別性の何れを営業活動において重視しているかという点、そして識別性を重視する場合においては、その図柄などが商品に現された態様において、確実に、「商標としての使用」と評価されるか、という点です。

意匠と著作物

【設題】
　A社は、菓子メーカーB社が販売する菓子に「おまけ」として付けられていた「お化けのフィギュア」が人気を得ていることに着目して、このフィギュアを商品として販売した。B社の「お化けのフィギュア」は、著作権が消滅した絵本に掲載されている絵に基づいて造形されたものであった。A社が前記「お化けのフィギュア」を製造販売することに関し、B社との法律関係を検討せよ。

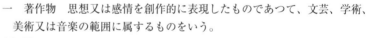

参照条文

著作権法
第2条　この法律において、次の各号に掲げる用語の意義は、当該各号に定めるところによる。
　一　著作物　思想又は感情を創作的に表現したものであつて、文芸、学術、美術又は音楽の範囲に属するものをいう。
　（中略）
　2　この法律にいう「美術の著作物」には、美術工芸品を含むものとする。
　（以下省略）

▶ 検討のポイント

☑　お化けのフィギュアは著作物か
☑　A社の行為は、著作物の複製か

▶ 解説

1　意匠法と著作権法

　意匠法は、産業の発達を目的とする法律であり、工業的手法で量産される物品等のデザインを「意匠」として保護するものである。他方著作権法は、文化の発展を目的とする法律であり、思想・感情の創作的表現を著作物として保護

しており、保護の対象は文芸、学術、美術又は音楽の範囲に属するものである。

　そして二つの制度の間には以下のような大きな差異がある。

　第一に、意匠権は特許庁に登録しなければ発生しないが、著作権は著作物の完成と同時に、何の手続も必要とせずに権利が発生する。第二に、意匠権の効力は登録意匠と同一又は類似する意匠の実施（製造・販売・使用など）に及ぶだけであるが、著作権の効力は著作物の複製のほか、翻案（改変）にも及ぶ（著作権法 28 条）。そして、権利の存続期間は、意匠権は出願後 25 年間であるのに対して、著作権は著作者の死後 70 年である。

　このような違いが、法目的の違いに加えて、量産品の形状等を著作権で保護することに消極的に働いている。特に効力の違いが産業活動を萎縮させるのではないかという危惧がある。

2　量産品の著作物性

(1) 応用美術の著作物性

　菓子のおまけとして開発されたフィギュアは、量産品である。著作権法では著作物とは「思想又は感情を創作的に表現したものであって、文芸、学術、美術又は音楽の範囲に属するものをいう」（著作権法 2 条 1 項 1 号）と定義されている。

　著作権法は、「美術の著作物」には美術工芸品を含むものとされ（同条 2 項）、フィギュアを著作物と捉えるならば、「美術工芸品」の範疇に含まれることになる。「飾りざら」のように、実用目的を兼ね備えた一品生産品である美術工芸品が著作物とされることは明らかだが、応用美術とされる量産品が著作物となり得るか否かは規定上明らかではない。裁判所は量産品の著作権法による保護に極めて慎重である。多くの裁判例において「純粋美術と同視し得る」「美的観賞の対象となり得る美的特性」等を量産品の著作権保護の要件とし、この要件を備えた場合に限り保護の対象とするという姿勢である。

(2)「絵」と「立体物」の関係

　平面的な絵を立体物として現す場合、原画を忠実に立体化したもので制作者

の思想・感情の創作的表現とは評価されない場合と、制作者独自の解釈、アレンジが加えられて思想・感情の創作的表現とは評価される場合とがある。設題のモデルである「チョコエッグ事件」判決（大阪高判平成17年7月28日裁判所ウェブサイト（平成16年（ネ）第3893号））は次のように判示している。

　本件アリスフィギュアについては、「テニエルの原画を立体化する制作過程において、制作者の個性が強く表出されているとまではいえず、その創作性は、さほど高くない」と認定して著作物性を否定し、本件妖怪フィギュアについては、「本件妖怪フィギュアは、石燕の原画を忠実に立体化したものではなく、随所に制作者独自の解釈、アレンジが加えられていること、妖怪本体のほかに、制作者において独自に設定した背景ないし場面も含めて構成されていること（中略）色彩についても独特な彩色をしたものがあることを考慮すれば、本件妖怪フィギュアには、石燕の原画を立体化する制作過程において、制作者の個性が強く表出されているということができ、高度の創作性が認められる。」と認定して著作物性を肯定している。

本件妖怪フィギュアと同種の商品（参考）
出典：海洋堂HP（https://kaiyodo.co.jp/items/
capsule/yokainetsuke2/）

3　判決例

(1)「幼児用椅子事件」

　（知財高判平成27年4月14日裁判所ウェブサイト（平成26年（ネ）第10063号））
　平成27年4月14日、知的財産高等裁判所で画期的な判決が出た。次頁の上部に示す「原告製品」は美術の著作物と認められ、著作権法で保護されるという内容である。この判決は、「応用美術に一律に適用すべきものとして、高い創作性の有無の判断基準を設定することは相当とはいえず、個別具体的に、作成者の個性が発揮されているか否かを検討すべきである。」と説示している。

原告製品 　　　被告製品

出典：判決

　結論としては、原告「著作物」の特徴点（とりわけ後ろ側に脚がない点）を被告製品は備えていないことを理由に、著作権侵害は否定された。

　実用品であり、格別装飾が施されているものでもない原告製品が著作物であると認められたこの判決は、専門家の間で驚きを持って受け止められた。従来、実用品のデザインは意匠法で保護されるべきものであって、純粋美術と同視し得る程度に鑑賞の対象になる場合に限り、例外的に著作権法でも保護される、というのが裁判所の考えであった。そして、この判決が定着することはなく、以後も、ほぼ従前の考えが踏襲されている。

(2)「博多人形事件」（請求認容）

　（長崎地佐世保支決昭和48年2月7日裁判所ウェブサイト（昭和47年(ヨ)第53号））

　量産品を著作物として保護した代表的な事案で、裁判所は次のように述べている。

　「意匠と美術的著作物の限界は微妙な問題であって、両者の重畳的存在を認め得ると解すべきであるから、意匠登録の可能性をもって著作権法の保護の対象から除外すべき理由とすることもできない。したがって、本件人形は著作権法にいう美術工芸品として保護されるべきである。」

債権者「博多人形」

出典：判決

伝統工芸品であることが著作物と認定される要因になったと考えられる。

以下、「幼児用椅子事件」判決以後の判決例（何れも著作物性を否定）を示す。

(3)「エジソンのお箸事件」

（知財高判平成 28 年 10 月 13 日裁判所ウェブサイト（平成 28 年（ネ）第 10059 号））

「実用品であっても美術の著作物としての保護を求める以上、美的観点を全く捨象してしまうことは相当でなく、何らかの形で<u>美的鑑賞の対象となり得るような特性</u>を備えていることが必要である（これは、美術の著作物としての創作性を認める上で最低限の要件というべきである）。」と判示し、著作物性を否定している。

原告「エジソンのお箸」

出典：一審判決

(4)「加湿器事件」

（知財高判平成 28 年 11 月 30 日裁判所ウェブサイト（平成 28 年（ネ）第 10018 号））

「著作物性を肯定するためには、それ自体が<u>美的鑑賞の対象となり得る美的特性</u>を備えなければならないとしても、高度の美的鑑賞性の保有などの高い創作性の有無の判断基準を一律に設定することは相当とはいえず、著作権法 2 条 1 項 1 号所定の著作物性の要件を充たすものについては、著作物として保護されるものと解すべきである。」としつつ、「ビーカーに入れた試験管から蒸気が噴き出す様子を擬した加湿器を制作しようとすれば、ほぼ必然的に控訴人加湿器 1 のような全体的形状になるのであり、これは、アイディアをそのまま具現したものにすぎない。」として著作物性を否定している。

なお、著作権法において、著作物性の認定においては「アイデア」と「表現」とに分けて評価され、「アイデア」は保護されない。本判決は著作物性認定の通常の手法によって著作物性を否定したものである。

控訴人（原告）加湿器

出典：判決

(5)「タコの滑り台事件」

（知財高判令和 3 年 12 月 8 日裁判所ウェブサイト（令和 3 年（ネ）第 10044 号））

「応用美術のうち，美術工芸品以外のものであっても，実用目的を達成するために必要な機能に係る構成と分離して，美的鑑賞の対象となり得る美的特性である創作的表現を備えている部分を把握できるものについては，当該部分を含む作品全体が美術の著作物として，保護され得ると解するのが相当である。」との観点（「分離可能説」）を打ち出しつつも、分離可能な部分に創作的表現が認められないとして、著作物性を否定している。

控訴人（原告）滑り台

出典：判決

▶ 設題の検討

1　お化けのフィギュアは著作物か

B社の菓子の「おまけ」であるお化けのフィギュアは量産品であるから、意匠登録による保護が原則であり、著作物として保護されるためには、美的観賞の対象となり得る美的特性を備えていることが要求される。また、著作物は思想感情の表現であるから、絵本に現されている「絵」をそのまま立体化したのでは著作物とは認められず、制作者独自の解釈、アレンジが加えられているこ

となどの創作性が要求される。

　B 社のフィギュアが、これらの要件を満たすものであれば、著作物と認定され、著作権で保護されることになるであろう。なお、絵本に掲載された「絵」の著作権は消滅しているので、二次的著作物に関する著作権法 28 条の適用はない。

2　A 社との関係

　A 社は、B 社が「おまけ」として扱っているフィギュアと同じものを、独立した商品として販売したものと思われる。

　したがって、B 社のフィギュアに著作物性が認められる場合は、A 社の行為は B 社の著作権（複製権）を侵害することになる。他方、著作物性が認められない場合は、著作権侵害は成立しない。

　なお、A 社の行為は不正競争防止法 2 条 1 項 3 号（形態模倣）に該当する場合があり、この場合は著作権の有無にかかわらず、A 社によるフィギュアの販売は禁止される。

実務のためのひとこと

　実用品について、「応用美術」として著作物性が認められた判決は希有です。理論上著作物として保護される可能性はあるものの、期待できません。保護のためには意匠登録が必要であると考える必要があります。

Chapter 3

どのようなものが
登録されるのか

　この章では、現在の意匠法で保護されている「意匠」について考えていきますが、その前に、意匠法の変遷をお話ししましょう。

　明治21年の意匠条例が、最初の意匠保護法です。意匠は、「工業上ノ物品ニ応用スヘキ形状模様若クハ色彩」（1条）であり、「意匠ノ専用ハ農商務大臣ノ定ムル物品類別ニ於テ出願人ノ指定シタル物品ニ限ルモノトス」（7条）とされていました。すなわち、「意匠」は現行法の「形状等」に相当し、「形状等」を現す「物品」を指定することで権利を形作っています。複数の物品を指定することも許容されています。この構造は、昭和34年法（現行法）で改正されるまで続きます。

　明治32年に意匠法が制定されます。意匠は、「工業上ノ物品ニ応用スヘキ形状、模様、色彩又ハ其ノ結合」（1条）となっています。明治42年法でも意匠の定義は同じですが、指定物品毎の権利の分割が認められています（11条）。

　大正10年法では、意匠は、「物品ニ関シ形状、模様若ハ色彩又ハ其ノ結合」と定義され、従前の「物品に応用すべき」から「物品に関し」となり、物品との一体性が強まっています。しかし、「物品の指定」というカタチは続いています。また、実用新案から意匠への出願変更が認められていますが（7条）、特許からの出願変更は認められていません。

　そして、現行意匠法（昭和34年法）では、「『意匠』とは、物品の形状、模様若しくは色彩又はこれらの結合であつて、視覚を通じて美感を起こさせるものをいう。」と定義し（2条1項）、意匠は物品と一体のものとされ、物品の指定というカタチはなくなりました。

　その後、平成10年改正で「部分意匠」、平成18年改正で「操作画像・表示画像」が加わり（2条2項）、令和元年改正で「建築物」「画像」そして「内装」が加わりました。

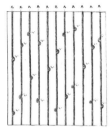

意匠登録第1号
指定物品：織物
登録日：
明治22年5月21日

日本で最初に登録
された意匠です。

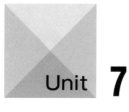

Unit 7

物品

【設題】
　A社は、新型のトラクターを開発した。このトラクターの運転台には、斬新な形状をした制御用のパネルが取り付けられており、このパネルには制御用の画像が表示される。A社では、トラクターの外観に加えて制御用プログラム、制御用のパネルの意匠登録を考えている。これらの意匠登録について検討せよ。

参照条文

意匠法
第2条　この法律で「意匠」とは、物品（物品の部分を含む。以下同じ。）の形状、模様若しくは色彩若しくはこれらの結合（以下「形状等」という。）（中略）であつて、視覚を通じて美感を起こさせるものをいう。
（以下省略）

▶ 検討のポイント

- ☑ 意匠法上の物品
- ☑ 物品自体の形状等
- ☑ コンピュータプログラムの物品性
- ☑ 物品に現された画像

▶ 解説

1　意匠法上の物品

(1) 意匠法上の物品

　明治21年制定の意匠条例以来、意匠法で保護される意匠は物品に係るものに限られていた。令和元年改正前、意匠法2条1項は次のように規定されていた。

　「この法律で『意匠』とは、物品（物品の部分を含む。第8条を除き、以下同

じ。）の形状、模様若しくは色彩又はこれらの結合であつて、視覚を通じて美感を起こさせるものをいう。」

すなわち、社会においてデザインとして認知されているものであっても、物品に係るものでなければ意匠を構成せず、意匠登録を受けることはできないものとされていた。令和元年の改正により、意匠登録の対象に「建築物」「画像」が加わったが、「物品」が意匠法において重要な概念であることに変わりはない。

意匠法に「物品」の定義はない。ちなみに、民法においては「『物』とは有体物をいう」（85条）と規定され、物は動産と不動産とに分けられている（86条）。また、広辞苑で「物品」は、「①しなもの。もの。しろもの。②不動産以外の有体物」と説明されている。

意匠法では民法の「物」ではなく「物品」と規定されており、意匠法に「物品」の定義がない以上、「物品」の概念は上記広辞苑に示された社会通念を参酌しつつ、意匠法の法目的に照らして決定する必要がある。

一般に、意匠法上の物品とは、有体物のうち市場で流通する動産をいう、とされている（審査基準第Ⅲ部第1章2.1）。また、判決は「意匠法上の一物品というるためには、(a)互換性を有すること、(b)通常の状態で独立して取引の対象となること」を要求している（「ターンテーブル事件」東京高判昭和53年7月26日裁判所ウェブサイト（昭和52年(行ケ)第121号））。

(2) 有体物

意匠は物品の形状等である。したがって、意匠法上の物品は、形状等が具現化して固定されるものでなければならず、必然的に有体物でなければならないこととなる。

すなわち、無体物は意匠法上の物品ではない。無体物の例としては光（花火の光、レーザー光、ホログラム、ネオンサインなど）が代表的である（斎藤『概説』57頁）。

有体物であっても、液体のように、形態が具現化して固定されないものも、意匠法上の物品ではない。

なお、光や液体は単独では意匠を構成しないが、光によって表現される物品の模様（審査基準第Ⅲ部第1章2.1(2)②注）、液体が封入されて物品が機能を発揮する場合（水準器）には、意匠を構成する。

(3) 動産

　社会通念上、「物品」は不動産以外の有体物と認識されている。そして、令和元年の改正によって「建築物の意匠」が新たに保護対象として追加されたことにより、意匠法上の物品は動産に限られ、不動産（土地及びその定着物）は物品に含まれないことが明確になった。

　ただし、最終的には土地に固定された不動産として使用されるものであっても、土地から離れて「動産」として存在し得るものは物品として扱われ、フェンス、門、組立家屋などは意匠法上の物品に含まれる。

(4) 市場での流通

　意匠法は、意匠の保護・利用と産業の発達への寄与との間に因果関係が成立するために、意匠の実施品が市場において需要者に選択されることを予定している。したがって、意匠法上の物品として扱われるためには、市場において需要者の選択の対象となることが必要なのであり、結果、独立した取引の対象として市場で流通するものでなければならない。

　したがって、「靴下のかかと部分」のように、独立した取引の対象とされない「物品の部分」は意匠法上の物品ではない。

　なお、2条1項はかっこ書において「物品の部分を含む」と規定するが、これは「物品の部分」を「物品」として位置づけたものではない。「物品の部分」も意匠を構成するものとしたものにすぎない。このことは、部分意匠の出願において願書の意匠に係る物品の欄には「靴下のかかと」と記載するのではなく「靴下」と記載すべきこととされている運用に反映されている。

　市場で流通するものであっても物品性が否定される場合がある。上記の通り、意匠法は市場での選択を予定している。したがって、市場で選択の対象とならなければならないということになる。

　例えば、ある製品の交換部品であって、その製品を購入した者は全てその交換部品を購入しなければならない状況であれば、需要者は選択の余地がない。選択の余地がないということは、意匠の善し悪しが評価される機会がないということである。

　そこで、市場で流通するものであっても「互換性」のないものは意匠法上の

物品でないと解されていたが（上掲「ターンテーブル事件」）、審査基準には記載されていない。

ところで、令和元年改正で、建築物、内装が意匠として保護されることになった。これらには市場で流通することは予定されていないものも含まれる。取引の場面ではなく使用される場面での意匠価値を評価しているものと考えられる。そうであるならば、物品の意匠においても、市場で流通することは、意匠法上の物品の要件から外されてよいのではないかと思う次第である。

2　物品自体の形状等

意匠は物品の形状等である。したがって、物品自体の形状等でなければ意匠を構成しない。これまで、物品自体の形状等とは、物品そのものが有する特徴又は性質（物品そのものの属性）から生じる形態をいい、特定の形態を有するものとして存在する物品に、何らかの操作を加えることにより一時的に別異の形態を具現化させたものは、物品自体の形態ではない、と解されていた。

例えば、ハンカチを折りたたんで作った花のような、いわゆるサービス意匠は、「ハンカチ」という物品自体の形態ではないので「ハンカチの意匠」を構成するものではないものとされていた。

しかるに、現行審査基準では「審査官は、販売を目的とした形状等についても、当該形状等を維持することが可能なものについては、物品等自体の形状等として取り扱う。他方、当該形状等を維持することができないものについては、物品等自体の形状等に該当しないと判断する。」（同第Ⅲ部第1章2.2）と規定されている。

これにより、上掲「ハンカチ」も、「物品の形状」として扱われることになる。なお、セットものについては、Unit 14参照。

▶ 設題の検討

1　制御用パネルの物品性

制御用パネルは、トラクターの運転台に取り付けられているので、トラクタ

一の意匠を構成するものであるが、これをトラクターの部品と捉えることもでき、その場合は「制御用パネル」が一つの物品として、意匠登録の対象になり得る。

2　コンピュータプログラムの物品性

プログラムとは、電子計算機に対する指令であって、一の結果を得ることができるように組み合わされたものをいう（2条2項3号、特許法2条4項）。コンピュータプログラムそれ自体は無体物であり、意匠法上の物品ではない。

他方、コンピュータプログラムを搭載した制御用パネルなどの機器、コンピュータプログラムが記録されたCD-ROMなどの媒体は、いずれも市場に流通する有体物で動産であるから、意匠法上の物品である。

3　物品自体の形状等

上記において意匠法上の物品として扱われる「コンピュータプログラムを搭載した制御用パネル」及び「コンピュータプログラムが記録されたCD-ROM」の各物品自体の形状等とは何であろうか。

(1) 制御用パネル

制御用パネルは、通電していない状態ではモニター部分には何の画像も表示されていない。この通電前の形状等が制御用パネルという物品自体の形態であることは明らかである。

ところで、物品は用途・機能を有するものである。そうすると、ボディーの形態のみでは「制御用パネル」という物品は完成せず、通電時にモニターに表示される操作画像が一体となってはじめて「制御用パネル」としての意匠が完結するということができる。

このように考えると、制御用パネルのモニター画面にコンピュータプログラムによって表示される操作用の画像は、「制御用パネル」という物品自体の形状等と捉えることができる。

(2) コンピュータプログラムが記録されたCD-ROM

コンピュータプログラムが記録されたCD-ROMの物品自体の形態は「CD-ROM」の形態、すなわち単なる円盤である。記録されたコンピュータプログラムによって得られる画像を見るためには、CD-ROMをパソコン等に装着するか、プログラムをインストールしなければならない。

したがって、コンピュータプログラムにより得られる画像は、物品「CD-ROM」自体の形態ということはできない。

4 出願形式

以上から、設題において制御用プログラムそのものの意匠登録を受けることはできない。制御用プログラムによって制御用パネルに表示される画像であれば、意匠登録を受けることができる。その場合の出願形式としては、以下の態様が考えられる。

(1) トラクターの部分意匠

トラクターに取り付けられている制御用パネルは「トラクターの部分」であり、制御用パネルに表示される画像は「制御用パネル」の部分である。したがって、意匠に係る物品を「トラクター」とし、制御用パネルに表示される画像を対象とした部分意匠として、意匠登録を受けることができる。この場合、意匠権の効力は、物品がトラクターであることを前提として評価される。

(2) 制御用パネルの部分意匠

意匠に係る物品を「制御用パネル」として意匠登録を受けることができる。この場合、意匠権の効力は、物品が制御用パネルであることを前提として評価される。

(3) 画像の意匠

意匠に係る物品を「制御用画像」として意匠登録を受けることができる。この場合、意匠権の効力は、「制御用」という用途を前提として評価される。し

たがって、制御用パネルではなくスマートフォンに表示される制御用画像にも意匠権の効力が及び得ると考えられる。

5　むすび

　以上を総合すると、A社は、「制御用画像」について、意匠登録を受けることが、プログラムを保護したいという目的にかなうものということができる。そして、制御用パネルそれ自体の形状の保護を望む場合は、物品「制御用パネル」について意匠登録を受けることが目的にかなうであろう。

　なお、操作画像については、美的鑑賞の対象となり得る場合には、美術の著作物として著作権により保護される可能性もある。また、不正競争防止法においては、プログラムが記録されたCD-ROMを使用することによりパソコン等で表示される画像も「商品（筆者注：制御用画像を記録したCD-ROM）の形態」（2条1項3号）又は「商品等表示」（同1号）に含まれ、保護される可能性がある。

実務のためのひとこと

　物品を、完成品と部品とに区別する見方があります。しかし、完成品であるか部品であるかは相対的なものであり、自動車メーカーにおいて「タイヤ」は部品ですが、タイヤメーカーにおいては完成品です。意匠出願においては、何を「物品」と把握して出願するかが重要です。部分意匠と物品の意匠とでは、効力が異なることを意識する必要もあります。

画像

【設題】
　A社は、飲料用の自動販売機を開発した。この自動販売機は、表示パネルと操作パネルとを備えている。表示パネルには常時広告動画が表示されており、操作パネルには操作用の画像が表示される。操作用の画像は、商品の選択画像、購入方法の選択画像（現金・カードなど）、購入決定画像の順に遷移する。
　二つのパネルに現される画像は意匠登録を受けることができるか。できるならば、どのような方法で登録を受けることができるか。

参照条文
意匠法
第2条　この法律で「意匠」とは、（中略）画像（機器の操作の用に供されるもの又は機器がその機能を発揮した結果として表示されるものに限り、画像の部分を含む。（中略））であつて、視覚を通じて美感を起こさせるものをいう。（以下省略）

▶ 検討のポイント

☑　意匠法上の画像
☑　画像の意匠と物品に現された画像
☑　変化する画像
☑　画像意匠保護の変遷

▶ 解説

1　意匠法上の画像

　令和元年意匠法改正によって、意匠の定義に「画像」が追加された（2条）。しかし、全ての画像が意匠法の保護対象になるのではなく、「機器の操作の用に供されるもの又は機器がその機能を発揮した結果として表示されるものに限

り」と規定されている点に注意しなければならない。意匠を構成する画像は、「機器の操作の用に供される画像」と、「機器がその機能を発揮した結果として表示される画像」とである。いわゆる「コンテンツ画像」は意匠法上の意匠としては扱われないのである。

「画像」を意匠として定義したことについて、逐条解説は次のように記述している。「クラウド上に保存され、ネットワークを通じて提供される画像が一般化したことや、画像の表示場所が物品の表示部に限られず多様化したこと等により、幅広い画像について意匠権による保護を求めるニーズが生じていたことから、意匠の定義に追加したものである」（同1249頁）。

画像の意匠は、物品から離れて観念される意匠である。したがって、画像が表示される場所に制約はない。物品に表示される画像、道路や建築物に表示される画像も、意匠法上の画像に含まれる（道路に標示される登録例として、意匠登録第1672383号）。

（1）機器の操作の用に供される画像

機器の操作の用に供される画像は、「操作画像」と呼ばれている。

「機器」とは、「器具・器械・機械の総称」（広辞苑）である。物品とせずに機器の語を用いた理由について、逐条解説に説明はない。

「操作」とは、「一定の作用効果や結果を得るために物品の内部機構等に指示を入力することをいう。」（『逐条』1252頁）。機器を操作するための機能を備え

操作画像に該当する画像の例

「商品購入用画像」
（ウェブサイトの画像）

「アイコン用画像」
（クリックするとソフトウェアが立ち上がる操作ボタン）

出典：審査基準第Ⅳ部第1章3.1

ている画像であれば、意匠となる。画像の単位をどのように捉えるかは、「形状等」の一体性以外に制約はない。

　したがって、操作画面全体を一つの画像意匠として把握することも、操作画面に現されている特徴的な画像（例えばスイッチ機能をもつアイコン。アイコンの登録例として、意匠登録第 1677889 号）を一つの画像意匠として把握することもできる。また、操作画面全体における画像の一部を「部分意匠」とすることもできる。

(2) 機器がその機能を発揮した結果として表示される画像

　機器がその機能を発揮した結果として表示される画像は、「表示画像」と呼ばれている。操作の機能はなく「見るための画像」である。

　「機能とは願書や願書に添付された図面から特定できる意匠から一般的に想起される特定の機能を意味する。また、機能を発揮した結果として表示される画像とは、入力操作等の結果、機器自体の機能を発揮した状態として出力される画像を意味する。」と解されている（『逐条』1252 頁）。なお、「機器」が具体的に特定される必要はない。例えば歩数を表示する画像の場合、歩数を計測するという機能を発揮した結果として表示される画像であれば足り、「歩数計」であるとか「スマートフォン」であるとかという具体的な機器は考慮されない（例えば、意匠登録第 1693484 号、意匠に係る物品「情報表示用画像」）。

表示画像に該当する画像の例

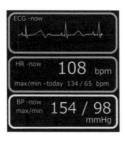

「医療用測定結果表示画像」　　　「時刻表示画像」
（壁に投影された画像）

出典：審査基準第Ⅳ部第 1 章 3.1

57

（3）保護されない画像

先に記したとおり、いわゆる「コンテンツ」の画像は意匠を構成しないものと解されている。

その理由は、「意匠権という強力な独占権を付与することを誘因として画像デザインの開発投資を促進する以上、当該画像デザインによって機器や機器に関連するサービス等の付加価値を向上させるものに限って権利の客体とすることが適切であることから、意匠に該当する『画像』には、機器の操作の用に供されるもの又は機器がその機能を発揮した結果として表示されるもののみが含まれる旨規定することとした（よって、映画の一場面等の画像は、意匠権の保護対象とならない。）。」（『逐条』1249頁）。

そして、審査基準では次のように規定されている。

「テレビ番組の画像、映画、ゲームソフトを作動させることにより表示されるゲームの画像など、機器とは独立した、画像又は映像の内容自体を表現の中心として創作される画像又は映像は、操作画像とも物品又は建築物の機能を発揮した結果として表示される画像とも認められず、意匠を構成しない。」（同第Ⅳ部第1章6.1.3）。

条文上、「コンテンツ」が明らかに除外されていると読むことは難しいと考えるが、著作権との棲み分けを考えると、妥当な解釈であると思われる。

2　画像の意匠と物品に現された画像

画像の意匠は、物品から独立した別個の意匠として観念されるものであるから、その画像がいかなる物品等に内蔵され、表示されても、その画像意匠としての機能を発揮する場合は意匠の実施とされる。

例えば、温度表示用画像の意匠は、この画像が室内に置く温度計に表示される場合、ビルの外壁に表示される場合、冷蔵庫の内部温度を表示するために冷蔵庫の扉に表示される場合、いずれも画像意匠の実施となる。

他方、温度計の部分意匠としての画像（表示画像）は、物品「温度計」という縛りがあり、ビルの外壁への表示や冷蔵庫の扉への表示は、その意匠の実施とはならない。操作画像においても同様である。

3 出願の手法

(1) 意匠に係る物品

　「意匠に係る物品」の欄に、画像の具体的な用途を明確に記載する。審査基準には、「情報表示用画像」「音量設定用画像」「アイコン用画像」などが例示されている（同第Ⅳ部第1章4.1.1）。

　なお、「意匠に係る画像」という欄が設けられていないことは、単にシステム上の都合と説明されている。

(2) 意匠に係る物品の説明

　画像意匠においては、「意匠に係る物品」及び「図面」のみでは画像の用途・機能を理解しがたい場合が多く、「意匠に係る物品の説明」が重要である。審査基準には次のように記載されている（同第Ⅳ部第1章4.1.2）。

　「画像意匠について、『意匠に係る物品』の欄の記載だけでは、画像の用途を明確にすることができない場合は、『意匠に係る物品の説明』の欄に、画像の用途の理解を助けることができるような説明を記載する。

　操作画像として保護を受けようとする場合であって、『意匠に係る物品』の欄の記載及び図面からではどのような操作のための画像か、また、画像をどのように操作するのか、という点が明らかでない場合は、これらの点を明らかにするための説明を記載する。

　表示画像として保護を受けようとする場合であって、図面のみでは機器のどのような機能を発揮した結果として表示された画像であるかが明らかでない場合は、この点を明らかにするための説明を記載する。」

(3) 図面

　画像は一般に平面であるから、物品における六面図に代えて、「画像図」を提出する。画像が変化する場合は、変化の状態が理解できるように、「変化後の状態を示す画像図」を必要な数提出する。

　なお、変化する画像が「一意匠」と認められるためには、同一の機能のためのものであること、又は形状等の関連性があることが必要とされている（審査

基準第Ⅳ部第1章5.2.4）。

4　画像意匠保護の変遷

　令和元年の意匠法改正により「画像」それ自体が意匠として位置づけられたが、液晶表示を含めた物品のデザインが創作され始めた1980年代から、意匠法による保護が始められていた。

　昭和61（1986）年に公表された、物品分野別審査基準において、以下の要件を満たす画像は意匠を構成する要素として認められるものと規定された。

〔要件1〕その物品の成立性に照らして不可欠なもの

〔要件2〕その物品自体の有する機能（表示機能）により表示されるもの

〔要件3〕変化する場合については、その変化の態様が特定しているもの

典型例は、時計の時刻表示である。

　平成10（1998）年の意匠法改正において、「部分意匠」が導入され、上掲3要件を満たす画像は「部分意匠」として登録の対象となった。

　平成18（2006）年の意匠法改正において、意匠法旧2条2項が新設され、「画像」の語が初めて意匠法に記された。この規定により、物品の操作（当該物品がその機能を発揮できる状態にするために行われるものに限る）の用に供される画像については、当該画像等がその物品の表示部に表示されている場合だけでなく、同時に使用される別の物品の表示部に表示される場合も保護対象とされた。

　旧2条2項は、令和元年改正において、物品と切り離して画像が意匠と定義されたことにより不要となり、削除された。

（参考）

旧2条2項

　前項において、物品の部分の形状、模様若しくは色彩又はこれらの結合には、物品の操作（当該物品がその機能を発揮できる状態にするために行われるものに限る。）の用に供される画像であつて、当該物品又はこれと一体として用いられる物品に表示されるものが含まれるものとする。

▶ 設題の検討

1　表示パネルの画像

　表示パネルには、常時広告動画が表示されている。広告動画は、自動販売機という機器の機能に基づくものではなく、いわゆる「コンテンツ」である。

　したがって、表示パネルに現される広告動画は「意匠」を構成せず、意匠登録を受けることはできない。

2　操作パネルの画像

　操作パネルの画像は、商品の選択画像、購入方法の選択画像、購入決定画像の順に遷移するものであるから、自動販売機という機器の操作などに寄与するものである。これらの画像のうち、商品の選択画像と購入方法の選択画像は、「操作の用に供される」画像であるから、「操作画像」として意匠を構成する。購入決定画像は、購入のための機能を発揮した結果として表示されるものであるから、「表示画像」として意匠を構成する。

3　一意匠を構成するか

　画像が変化する場合において、その変化する画像に「同一の機能のためのもの」又は「形状等の関連性がある」場合には、変化の前後を含めて一意匠として出願することができる。また、画像の意匠も「組物の意匠」としての出願が可能であり（施行規則別表）、複数の画像を「組物の意匠（一組の画像セット）」として出願できる場合もある。

実務のためのひとこと

　画像の意匠は部分意匠として出願される場合があります。その場合、意匠登録を受けようとする部分が複数の領域に分かれている場合には、一意匠と認められないおそれがあります。複数の領域に現された画像に関連性が希薄な場合は、複数の領域を大きな一点鎖線の枠で囲うなどの工夫が必要でしょう。

Unit 9

建築物

【設題】

　ディベロッパーであるＡ社は、森の中を小川が流れる土地を取得し、この土地に、小川に沿って複数の建物（受付、食堂、客室）を配置したホテルを企画した。Ａ社では、小川など土地の情景を含め、複数の観点からの意匠登録を希望している。どのような登録ができるだろうか。

参照条文

意匠法
第２条　この法律で「意匠」とは、（中略）建築物（建築物の部分を含む。以下同じ。）の形状等（中略）であつて、視覚を通じて美感を起こさせるものをいう。（以下省略）

▶ 検討のポイント

☑　意匠法上の建築物
☑　建築物の意匠
☑　建築物の内部の意匠と内装の意匠
☑　建築物の意匠と物品の意匠
☑　出願の手法

▶ 解説

1　意匠法上の建築物

　令和元年の意匠法改正により、「建築物」が意匠に追加された（2条）。逐条解説では次のように説明されている。

　「建築物については、店舗の外観に特徴的な工夫を凝らしてブランド価値を創出し、サービスの提供や製品の販売を行う事例が増え、意匠権による保護ニーズが増加したため、意匠の定義に追加した。なお、ここでいう建築物は、建

築基準法の定義等における用語の意よりも広く、建設される物体を指し、土木構造物を含む。」（同 1249 頁）。

　建築基準法は、「建築物の敷地、構造、設備及び用途に関する最低の基準を定めて、国民の生命、健康及び財産の保護を図り、もつて公共の福祉の増進に資することを目的」（同法 1 条）としており、意匠法とは立法趣旨が異なるものであるから、意匠法における建築物の範囲が、建築基準法に縛られる理由はない。

　ところで、令和元年改正以前、建築物は「物品」に含まれないものと解されており、その理由として、「工業上利用することができる」（3 条 1 項柱書）の要件を満たさないことが挙げられることもあった（「組立家屋事件」東京地判令和 2 年 11 月 30 日裁判所ウェブサイト（平成 30 年（ワ）第 26166 号））。改正後においても、登録要件としての工業上利用可能性は従前通りである。建築物との関係では、「工業」に「土木・建築業」を含み、同一物の生産が観念的に肯定できるものであれば、「工業上利用できる」の要件を満たすものと解することになろう。審査基準には、「現実に工業上利用されていることを要せず、その可能性を有していれば足りる。」（同第Ⅳ部第 2 章 6.1.3）と書かれている。もっとも、「産業上利用できる」に改正すべきであったと思うところではある。

2　建築物の意匠

　審査基準は、建築物の意匠としての成立要件として、「(1) 土地の定着物であること　(2) 人工構造物であること。土木構造物を含む。」を掲げている（同第Ⅳ部第 2 章 3.1）。

(1) 土地の定着物であること

　土地とは、「平面、斜面等の地形を問わず、海底、湖底等の水底を含む。」、定着物とは、「継続的に土地に固定して使用されるものをいう。」と説明されている（審査基準第Ⅳ部第 2 章 6.1.1.1）。

　したがって、土地に固定して使用されないものは建築物の意匠を構成しない。審査基準には以下の例が掲げられている（同第Ⅳ部第 2 章 6.1.1.2）。なお、これ

らに該当するものであっても、意匠法上の物品に該当するものは、物品の意匠として意匠登録の対象となり得る。

「(a) 土地に定着させ得るが、動産として取引されるもの

　　　　例：庭園灯（注2）

　(b) 一時的に設営される仮設のもの

　　　　例：仮設テント

　(c) 不動産等の登記の対象となり得るが、動産として取引されるもの

　　　　例：船舶、航空機、キャンピングカー

　（注2）ただし、建築物に付随するものであれば、建築物の意匠の一部を構成するものとして扱う。」

上記(a)の「庭園灯」は「継続的に土地に固定して使用されるもの」であり、ここに例示されていることは矛盾するように思われる。これは、令和元年改正前において、使用時においては土地に定着されるが動産として取引されるものは「物品の意匠」として扱われていたことを考慮したものと考えられる。「物品の意匠」として把握できるものは「物品の意匠」として取り扱うということと理解できる。

(2) 人工構造物であること

構造物とは、「意匠登録の対象とするものは、建築基準法の定義等における用語の意よりも広く、建設される物体を指し、土木構造物を含む。通常の使用状態において、内部の形状等が視認されるものについては、内部の形状等も含む。」と説明されている（審査基準第Ⅳ部第2章6.1.1.1）。土木構造物とは、ダムや橋梁などである。

意匠は創作物であるから、人の手が加わっていないものは意匠を構成しない。審査基準には以下の例が掲げられている（同第Ⅳ部第2章6.1.1.2）。

「(a) 人工的なものでないもの

　　　　例：自然の山、自然の岩、自然の樹木、自然の河川、自然の滝、自然の砂浜

　(b) 人の手が加えられているものの、自然物や地形等を意匠の主たる要素としているもの

　　　例：スキーゲレンデ、ゴルフコース
　（c) 土地そのもの又は土地を造成したにすぎないもの」
　自然物であっても、建築物に固定されているものは建築物の意匠を構成する。審査基準では、建築物に付随する範囲内のものと判断する植物や石等の自然物は建築物の意匠を構成するものとされ、建築物の外壁に固定したグリーンウォール、建築物の床面に固定するなど、位置を変更しないプランター内の植物、家屋とそれに付随する門柱との間に植えた立木が例示されている（同第Ⅳ部第2章4.3）。

3　建築物の内部の意匠と内装の意匠

　建築物の意匠も部分意匠の登録が可能である。建築物の部分という場合、外観の一部分の他、建築物の内部も含まれる。建築物に固定された照明器具や壁紙は建築物の意匠を構成するが、任意に動かし、配置を変更することができるテーブルや冷蔵庫などは建築物の意匠を構成しない。これらを含む意匠は、「内装の意匠」として扱われる。

4　建築物の意匠と物品の意匠

　令和元年改正前、「組立家屋」は、物品の意匠として扱われていた。物品「組立家屋」は、施工後は土地の定着物となり、「建築物」の意匠をして捉えることができる。改正後においても、「組立家屋」としての登録も、「建築物」としての登録も可能であり、両者は用途及び機能は類似するものとして扱われる（審査基準第Ⅳ部第2章6.2.3）。

5　出願の手法

（1）意匠に係る物品
　建築物の意匠について意匠登録出願する場合は、願書の「意匠に係る物品」の欄に、建築物の具体的な用途を明確に記載する（例えば、住宅、オフィスな

ど）。また、建築物の一部について意匠登録を受けようとする場合、「意匠に係る物品」の欄には、意匠登録を受けようとする部分の用途ではなく、建築物の用途を記載し、例えば、住宅の浴室の部分について意匠登録を受けようとする部分とする場合、「意匠に係る物品」の欄には、「浴室」ではなく、「住宅」と記載する（審査基準第Ⅳ部第2章5.1）。「意匠に係る物品」の欄の記載だけでは、建築物の用途を明確にできない場合は、「意匠に係る物品の説明」の欄に、具体的な用途を記載する。

(2) 図面

　物品の意匠と同様に六面図を基本とするが、建築図面に用いられる図の表示である【東側立面図】のような表示も許容される（審査基準第Ⅳ部第2章5.4.2）。

▶ 設題の検討

1　土地の情景を含めた登録

　土地の情景それ自体は、人工物ではないので意匠を構成しない。しかし、小川などの土地の情景を利用して複数の建物を配置した点にデザインとしての価値が存在する場合もある。審査基準では、「建築物に付随する屋外に固定されたもの」「建築物に付随する範囲内のものと判断する植物や石等の自然物」は建築物の意匠を構成するものとされている（同第Ⅳ部第2章4.3）が、その範囲は明確ではない。意匠を構成するものと解してよいと考えるところではあるが、今後の運用を待つことになろう。

2　複数の建物の登録

　複数の建物は、それぞれが個別に建築物の意匠を構成することは疑いがない。その他、受付の建物、食堂の建物、客室の建物は、「社会通念上一体的に実施がなされ得るもの」（審査基準第Ⅳ部第2章4.2）であるから、まとめて一つの意匠（意匠に係る物品「ホテル」）として登録を受けることも可能である。また、これらの建物に形状等の統一がある場合は、「組物の意匠」（意匠に係る物品「一

組の建築物」）としての登録も可能である（審査基準第Ⅳ部第 3 章 3.3.1）。

実務のためのひとこと

　審査基準では、建築物に付随する範囲内のものと判断する植物や石等の自然物は建築物の意匠を構成するものとされていますが、その範囲はこれからの運用に委ねられています。そして、「付随する範囲」のみを登録の対象とした意匠の登録例もあります（駐車スペースを対象とした意匠登録第 1687173 号）。

組物

参照条文

意匠法

第8条　同時に使用される二以上の物品、建築物又は画像であつて経済産業省令で定めるもの（以下「組物」という。）を構成する物品、建築物又は画像に係る意匠は、組物全体として統一があるときは、一意匠として出願をし、意匠登録を受けることができる。

▶ 検討のポイント

- ☑　組物の意匠
- ☑　組物の意匠の要件
- ☑　組物の意匠の変遷

▶ 解説

1　組物の意匠

　意匠法8条は、「同時に使用される二以上の物品、建築物又は画像であって経済産業省令に定めるもの（以下「組物」という。）を構成する物品……に係る意匠は、組物全体として統一があるときは、一意匠として出願をし、意匠登録を受けることができる。」と規定する。すなわち、組物を構成する物品、建築物又は画像（以下「物品等」という）等に係る意匠が組物の意匠であり（成立要

件）、これが組物全体として統一があるときは一意匠として扱われ（登録要件）、組物として出願をすることができ、拒絶理由がない限り意匠登録を受けることができるのである。

　「一意匠一出願」の例外とされているが、正確には「一物品一意匠一出願」の例外というべきであろう。組物は一意匠なのであって、一意匠とみなされるものではないからである。

　組物全体としての統一は登録要件であって「組物」の成立要件ではない。

　また、二以上の物品等の部分についても、組物の意匠として意匠登録を受けることができる。

2　組物の意匠の要件

(1) 組物であるための成立要件

　意匠法8条における「組物」として扱われるためには以下の要件を備えなければならない。

- 同時に使用される二以上の物品等であること
- 経済産業省令で定めるものであること

(ア) 同時に使用される二以上の物品等

　「組」であるから複数の物品等のセットでなければならない。複数の物品等であればよく、同種の物品等でセットを構成することも許容される。

　これら複数の物品は「同時に使用される」ものでなければならない。販売時点ではセットものとして販売されていてもバラバラに使用されるものは組物とはならないのであるが、「同時に使用される」とは、観念的なものであって、一連の行為として、同じ場面で、という程度の意味合いである。

　同時に使用されることを組物の要件としていることは、意匠の価値が流通時のみならず使用時にも発揮されること、そして使用時に発揮される価値を意匠法が保護しようとしていることの表れと理解できる。

(イ) 経済産業省令で定めるもの

　上記（ア）の要件を満たすものは種々考えられるであろう。しかしながら、経済産業省令で定めるもののみを組物と認めることとしている。経済産業省令と

は意匠法施行規則のことであり、その8条で「意匠法第8条の経済産業省令で定める組物は、別表のとおりとする。」と規定されている。その別表には「一組の家具セット」「一組の画像セット」「一組の建築物」のように43の組物が列挙されている。別表に掲げられた組物の概念に含まれるものであれば、その構成物品等に制約はない。審査基準には、乗用自動車と乗用自動車用情報表示画像で構成される「一組の運輸機器セット」が掲げられている（同第Ⅳ部第3章3.3.1）。

　なお、7条における「一物品」の扱いが緩和されたことにより、7条の一意匠と8条の組物との境界が不明確になっているように思われる（Unit 14参照）。

(2) 登録要件

　組物として一意匠としての出願が認められるためには「組物全体として統一」がなければならない。「組物全体として統一」とは、あくまでも意匠としての観点からの統一である。意匠としての観点からの統一ということは、「需要者の視覚を通じて起こさせる美感」（24条2項）としての統一と理解できる。

　組物全体として統一があると認められるものとして、審査基準では以下の類型が示されている（同第Ⅳ部第3章3.3）。

「(1) 各構成物品等の形状、模様若しくは色彩又はこれらの結合が、同じような造形処理で表されている場合

(2) 各構成物品等により組物全体として一つのまとまった形状又は模様が表されている場合

(3) 各構成物品等の形状、模様若しくは色彩又はこれらの結合によって、物語性など組物全体として観念的に関連がある印象を与えるものである場合」

以上の要件を満たす組物の意匠は、組物全体として一つの意匠として審査され、登録される。すなわち、組物を構成する個々の物品等の意匠について新規性などの登録要件は要求されず、構成物品の意匠に新規性のないものがあったとしても組物全体として新規性があれば登録され得る。

　権利範囲の判断においても同様である。組物全体として他の意匠と対比される。

　なお、8条の要件を満たさない出願は、8条違背（同時に7条違背でもある）として拒絶されるが、構成物品等の意匠出願に分割することができる（10条の2）。

（3）構成物品等の意匠との関係

　組物の意匠は全体として一意匠として審査され、登録される。したがって、組物の意匠を構成する一つの物品の意匠に類似する登録意匠が存在しても登録される場合がある。このとき、組物の意匠を実施すると、先行する登録意匠の意匠権を侵害することになる。

　組物の意匠が先行する場合、組物を構成する一つの構成物品の意匠との間では、先後願は審査されないので、構成物品の意匠が登録される場合がある。このときは、組物の意匠と構成物品の意匠とは非類似であるから、構成物品の意匠の実施が組物の意匠の意匠権の侵害になることはない。なお、組物の意匠が公知になった後に出願された、構成物品の意匠に類似する意匠は、新規性がないものとして拒絶される。

3　組物の意匠の変遷

（1）平成 10 年改正前

　組物の意匠は、現行法（昭和 34 年法）において初めて規定されたものである。組物は、「慣習上組物として販売され同時に使用される二種以上の物品であつて通商産業省令で定めるもの」（旧 8 条 1 項）と定義されていた。「慣習上組物として販売され」とあるので、出願人が任意に組合せを選択することはできず、施行規則別表第二において 13 品目が定められていた。

　また、8 条 2 項において、「その組物を構成する物品の意匠が第 3 条、第 5 条及び次条第 1 項又は第 2 項の規定により意匠登録を受けることができる場合に限り、意匠登録を受けることができる。」と規定され、組物を構成する個々の物品の意匠が登録要件を備えることが要求されていた。

（2）平成 10 年改正

　平成 10 年改正によって現行の規定となり、別表第二も 56 品目に増やされた

が、組物を構成する物品は「一組のコーヒーセット」「一組の紅茶セット」の
ように細かく規定されていた。また、平成10年改正で導入された「部分意匠」
は、組物の意匠には適用されなかった。

(3) 令和元年改正

　令和元年の改正により、組物の意匠に「部分意匠」が認められ、令和2年の
施行規則別表の改正により、別表の品目数は43に減少したが、「一組の飲食用
具セット」のように大枠のみを規定するものとなり、構成物品は任意に選択可
能となった。

▶ 設題の検討

1　個別の意匠としての出願

　ハサミ、ステープラーなどの文房具は、いずれも意匠法上の物品であるから、
個別の意匠として出願し、意匠登録を受けることができる。また、ケースも意
匠法上の物品であるから、意匠登録を受けることができる。この場合、「各文
房具の形状に合わせた窪み」の形状を対象とした部分意匠としての出願が有効
である。

　個別の意匠として登録を受けた場合は、各物品の意匠が独自に効力を持つこ
とになる。おもしろいのが「各文房具の形状に合わせた窪み」を対象としたケー
スの意匠である。この意匠の類似範囲は「窪みの形状等」によって評価され
るので、類似する窪みの形状等を備えたケースに文房具を収納したセットであ
れば、個々の文房具の意匠にかかわりなく効力が及ぶことになる。

2　組物の意匠としての出願

　A社の文房具のセットを構成するハサミ、ステープラーなどの物品は、事務
作業の場面において「同時に使用」されるものである。そして、施行規則の別
表に「一組の事務用品セット」が掲げられている。したがって、文房具のセッ
トは「組物」を構成する（登録例として意匠登録第1667436号参照）。

意匠登録第 1667436 号
（一組の事務用具セット）

　組物の意匠として登録を受けるためには「組物全体として統一がある」ことが必要であるが、セットとしての販売を前提に統一された造形処理がされているのであれば、この要件を満たすことになろう。

　組物の意匠は、組物全体として一つの意匠として成立するものであるから、その意匠権の効力も、組物全体として評価される。

実務のためのひとこと

　組物の意匠の登録は、セットものとしての販売を保護したい場合に有効なものと思われます（例えば意匠登録第 1716688 号）。組物全体として類否判断されるので、侵害被疑意匠との関係で、個々の物品等の意匠では非類似であっても組物として対比すると類似という結論が得られる可能性があります。また、一物品として認められるか微妙な場合の対処としても利用できるのです（例えば意匠登録第 1713050 号）。

内装

【設題】

　ディベロッパーであるＡ社は、廃校になった小学校の再開発事業として、教室をレストランとして利用することとして内装を創作した。創作した内装は、テーブルや椅子の配置の他、照明にも工夫を凝らしたものであり、大きな樹木を囲んだテラス席も設置されている。また、テーブルや椅子は、小学校の机や椅子をモチーフにしたものであるが、レストランに合うように新しくデザインしたものを使用した。

　この創作は意匠として、どのような保護が考えられるか。

参照条文

第８条の２　店舗、事務所その他の施設の内部の設備及び装飾（以下「内装」という。）を構成する物品、建築物又は画像に係る意匠は、内装全体として統一的な美感を起こさせるときは、一意匠として出願をし、意匠登録を受けることができる。

▶ 検討のポイント

☑　内装の意匠
☑　登録要件
☑　出願の手法
☑　内装の意匠の実施

▶ 解説

1　内装の意匠

(1) 位置づけ

　「内装の意匠」は、「建築物」「画像」と共に、令和元年改正により意匠法の保護対象に加わったものであるが、2条の定義には含まれず、組物の意匠に類

似する形で 8 条の 2 に、「一意匠一出願の例外」（審査基準第Ⅳ部第 4 章 1）として規定されている。このような規定ぶりになった理由は、「内装意匠の本質は、家具や什器の組合せや配置、壁や床の装飾等によって統一的な美感が醸成される点にあることから、内装を構成する物品、建築物又は画像に係る意匠が内装全体として統一的な美感を起こさせるときに限り、一意匠として出願をし、意匠登録を受けることができる旨規定した。」（『逐条』1273 頁）と説明されている。

(2) 内装

　「内装」とは、「店舗、事務所その他の施設の内部の設備及び装飾」である。

　店舗、事務所は例示であり、審査基準では「『その他の施設』には、意匠法の目的に従い、例えば、宿泊施設、医療施設、教育施設、興行場、住宅など、産業上のあらゆる施設が広く含まれる。具体的には、審査官は、店舗及び事務所を含め、内装の意匠として出願された意匠が『その内部において人が一定時間を過ごすためのものである場合』は、『店舗、事務所、その他の施設』に該当するものと判断する。

　また、上記要件を満たす場合は動産を含む。例えば、組立式の簡易店舗や事務所、各種の車両や旅客機、客船の内装などが該当する。」（同第Ⅳ部第 4 章6.1.1.1）と規定されている。

　「施設の内部」とは、人が一定時間を過ごすための仕切られた空間を意味するものということができる。しかしながら、創作保護の観点から、施設の内部と外部との境界を厳格に解することは妥当でない。審査基準は次のように規定している。

　「内装の意匠の創作は、施設の内部のみに必ずしも限定されるものではない。例えば、店舗正面のファサードやディスプレイデザインを含む創作や、内外の境をあえて曖昧にした創作など、施設外部とのつながりを考慮した内装の創作がある。これらの創作実態があることをふまえ、審査官は上記判断をするにあたり、原則として施設の内部空間全体が完全に閉じているか否かを厳格に検討する必要はない。施設の内部が施設の開口部及び施設の外部に連続している場合等には、施設の内部に付随する施設の外部が含まれていてもよい（同第Ⅳ部第 4 章 6.1.1.1）。

(3) 内装の構成要素

　逐条解説には、「内装の意匠の構成要素としては、店舗や事務所等の内部の什器（机、椅子、ソファ、棚、台、カウンター、照明等）や、床、壁、天井等の装飾及び画像が想定されることから、『施設の内部の設備及び装飾（以下「内装」という。）を構成する物品、建築物又は画像』を規定した。」（同1273頁）と説明されている。条文では「物品、建築物又は画像に係る意匠」とされているので、意匠法上の「意匠」でなければ内装を構成しないことになる。

　審査基準では、「意匠法上の意匠に該当しないもの」として、動物、植物、蒸気や水のような不定型なもの、香りや音など、視覚以外で内装空間を演出するもの、自然の地形そのものを例示しているが、他方で、「以下の例に該当するものであっても、建築物又は土地に継続的に固定するなど、位置を変更しないものであり、建築物に付随する範囲のものは建築物の意匠の一部を構成する。」（同第Ⅳ部第4章6.1.1.2）と規定して柔軟な対応を見せている。

　しかしながら、「人が一定時間を過ごすための空間」とはいえないショーウインドウのデザインは内装の意匠を構成しないものとされる。

　内装の意匠は、複数の意匠で構成されることが要求されている。建築物の内部の形状等のみでは、内装の意匠ではない。これは建築物の意匠である。

2　登録要件

　「内装の意匠」は一つの意匠を構成するものであるから、内装の意匠を構成する個々の意匠が新規性、創作非容易性の登録要件をみたす必要はない。内装全体として審査の対象になる。

　「内装の意匠」の「組物の意匠」との相違は「内装全体として統一的な美感」が登録要件とされていることである。審査基準には、「複数の物品等から構成される内装について、一の意匠として出願し、意匠登録を受けられることを許容するとともに、各構成物品等の組合せ方や配置を含めた内装全体としての美感を保護の対象とすることを規定したものである。」（同第Ⅳ部第4章6.1.1.3）と記されている。

　そして、組物の意匠における「組物全体として統一」が、組物を構成する

個々の意匠の共通性を要求するのと異なり、「内装の意匠を構成するものは多岐にわたり、それらすべてに同様の形状等の処理がなされることはまれであることから、内装全体として本要件を満たしている場合は、各々の構成物品等のすべてについて統一的な形状等の処理がなされているか否かは不問とする。」（審査基準第Ⅳ部第4章6.1.1.3）とされている。

　なお、8条の2の要件を満たさない出願は、8条の2違背（同時に7条違背でもある）として拒絶されるが、構成物品等の意匠出願に分割することができる（10条の2）。

3　出願の手法

　願書の「意匠に係る物品」の欄に、例えば、「ホテルロビーの内装」のように、どのような施設におけるどのような用途の内装であるのかが明確となるものを記載することが要求される。必要であれば、「意匠に係る物品の説明」の欄で説明を補充する（審査基準第Ⅳ部第4章5.1、5.2）。

　図面においては、床、壁、天井のいずれか一つ以上を開示することが要求される。施設の内部に該当することを示すためである。そして、施設の内部の形状等のみが開示されていればよく、外観を示す必要はない。また、自由な作図法が許容され、六面図は不要である（審査基準第Ⅳ部第4章5.4.1）。

4　内装の意匠の実施

　内装の意匠は2条に定義されていないので、2条2項の実施の定義には規定されていない。内装の意匠は、物品、建築物又は画像の意匠で構成されていることから考えることになる。したがって、建築物と物品で構成されている内装の意匠であれば、建築物が建築され、物品が搬入されて所定の位置に設置されたときに、内装の意匠の実施があるということになるのであろう。建築物が建築されただけ、物品が製造されただけでは、内装の意匠が実施されたということはできない。

▶ 設題の検討

1　個別の意匠としての登録

　レストランに置かれるテーブルや椅子は、新しくデザインされたものであるから、テーブルの意匠、椅子の意匠として登録される可能性がある。

　このようにして登録を受けると、使用される状況にかかわりなく、テーブルや椅子の製造、販売、使用等に権利の効力が及ぶことになる。

2　建築物の意匠

　小学校の校舎の外観は旧来のままであろうから、外観を建築物の意匠として登録を受けることは困難である。しかし、設題では照明に工夫が施されている。照明器具が建築物に固定されている場合は建築の意匠を構成するので、照明を含めて教室内部が建築物の意匠（部分意匠）として登録される可能性がある。大きな樹木を囲んだテラスを含めることも可能であろう。

　このようにして登録を受けると、テーブルや椅子などがない状態であっても、権利の効力が及ぶことになる。

3　内装の意匠

　小学校の教室（レストランの客室）は、人が一定時間過ごす「施設の内部」であり、そこに配置されるテーブルや椅子は「物品の意匠」であるから、全体として「内装の意匠」を構成する。したがって、「内装全体として統一的な美感」を有する場合は、内装の意匠として登録される可能性がある。大きな樹木を囲んだテラスを含めることも可能であろう。

　このようにして登録を受けると、テーブルや椅子などがの配置が、権利の効力を評価する（意匠の類否判断）上で重視されることになる。

実務のためのひとこと

　内装の意匠というと、屋内の家具や什器の配置を思い浮かべるが、条文上は「施設の内部の設備及び装飾」とされています。かなり広範な意匠が「内装の意匠」として登録を受けることができそうです。部屋に机が一つ置かれているのも「内装の意匠」なのか、という問題が提起されていますが、「テーブルの端部に天板を挟むようにコンセントを載置した内装」という登録例があります（意匠登録第 1715138 号）。

意匠登録第 1715138 号
【意匠に係る物品】共有空間の内装

部分意匠

【設題】

　時計メーカー A 社は、置き時計本体の下部に、特徴のある形状の 4 本の脚を備えた置き時計を開発した。A 社が開発した置き時計は、同じ形状の脚を備えつつも、本体の上部は、正面視円形のもの、正方形のものがあり、その他の形状とすることも考えられる。脚の形状の模倣を阻止するために、A 社ではどのような意匠出願をしたらよいだろうか。

参照条文

意匠法

第 2 条　この法律で「意匠」とは、物品（物品の部分を含む。以下同じ。）の形状、模様若しくは色彩若しくはこれらの結合（以下「形状等」という。）、建築物（建築物の部分を含む。以下同じ。）の形状等又は画像（機器の操作の用に供されるもの又は機器がその機能を発揮した結果として表示されるものに限り、画像の部分を含む。（中略））であつて、視覚を通じて美感を起こさせるものをいう。（以下省略）

▶ 検討のポイント

☑　部分意匠の制度趣旨
☑　部分意匠の成立要件
☑　部品の意匠との関係

▶ 解説

1　部分意匠の制度趣旨

　部分意匠は、平成 10 年の意匠法改正により導入されたものであり、物品等の部分についての意匠登録を認めるものである。施行規則の改正によって、「部分意匠」の語は法文から消えたが、物品等の部分に係る意匠を意味する語

として慣用されている。

　部分意匠は、物品の意匠、建築物の意匠、画像の意匠の全てにおいて認められている。その結果、これらの組合せである内装の意匠も部分意匠としての保護が認められる。

　制度趣旨は逐条解説に記載されているとおりであるが、要するに、独創的で特徴ある物品等の部分の形状等を登録して保護することにより、前記特徴ある形状等を取り入れつつも全体としては非類似となる意匠の実施に対して排他的効力が及ぶようにし、意匠保護の強化を図るものである。

　なお、令和元年の意匠法改正前においては、組物の意匠には部分意匠が認められていなかったが、令和元年改正により、組物についても部分意匠が認められた。その理由は「商品の多様化が進み、商品の基幹部分は同一であるが、その細部について多様な形状等をあしらう商品群が増加してきたことから、このような商品群についても組物として保護することができるよう」（『逐条』1249-1250頁）にしたものと説明されている。

　物品等の部分の形状等を対象とすることとなると、当該部分の形状等が技術的に不可避な形態である場合には、意匠によって技術そのものを保護する結果となり意匠保護の本旨と整合せず、第三者に不当な不利益を課すこととなる。そこで「物品の機能を確保するために不可欠な形状……のみからなる意匠」は意匠登録を受けることができないものとされている（5条3号）。

　なお、従前、部分意匠の出願と全体意匠の出願との間で、先後願（9条1項、2項）が判断されることはなかったが、施行規則の改正に伴う審査基準の改訂（平成31年）により、先後願が判断されることとされた。

2　部分意匠の成立要件

(1) 成立要件

　部分意匠は、物品等の部分に係るものであるから、部分意匠として成立するためには、意匠法上の物品等に係るものでなければならず、物品等の意匠として認められるための要件である、物品等の形状等であって、視覚を通じて美感を起こさせるものであること、を満たさなければならない。

　部分意匠として登録を受ける範囲は、意匠としてのまとまり（創作の単位）が認められるものであれば、原則として自由に選定することができるが、他の意匠との対比の対象となり得る一定の範囲を占める部分であることが要求される。部分意匠の「物品等の部分について意匠登録を受けようとする意匠の場合、『意匠登録を受けようとする部分』は、意匠に係る物品全体の形状等の中で、他の意匠との対比の対象となり得る一定の範囲を占める部分、すなわち、当該意匠の外観の形状等の中に含まれる一つの閉じられた領域でなければならない。また、意匠登録を受けようとする部分とその他の部分の境界が明確でなければならない。」（審査基準第Ⅲ部第1章2.5）。

　審査基準によれば、一定の範囲を占めるとは、当該意匠の外観の中に含まれる一つの閉じられた領域であることをいうものとされ、該当しないものとして、面積を持たない「稜線」や「シルエットのみを表したもの」が例示されている。

(2) 部分意匠の単一性

　部分意匠として登録を受けようとする部分に意匠としての単一性が認められない場合は、7条違反の扱いになる。一の物品等の中に、物理的に分離した二以上の「意匠登録を受けようとする部分」が含まれているものは、原則として、意匠ごとにした意匠登録出願と認められないものとされる。

　しかしながら、部分意匠の単一性は、意匠としての「一つのまとまり」「一つの創作の単位」として把握されるものであるか否かにより決せられるべきものである。そこで、審査基準においても、形状等の一体性がある場合、機能的な一体性がある場合には、一意匠と取り扱うものとされ、次頁上部の事例が掲げられている（同第Ⅱ部第2章2.2）。

3　部品の意匠との関係

　意匠法上「物品」とは独立して取引の対象となる有体物たる動産をいうものと解されている。そして、この要件を満たす限り、完成品であるか部品であるかの差別はない。部分意匠制度が導入される前は、「部品」が意匠保護の最小単位であった。

形状等の一体性がある場合の例 　　　機能的な一体性がある場合の例

【事例】「腕時計用側」 　　　　　　　　【事例】「理容用はさみ」

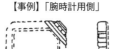

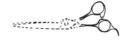

　部分意匠制度の導入後においても、部分意匠とは異なる守備範囲を持つものとして、部品の意匠登録を活用することができる。

　部分意匠は、物品等の部分を対象とした意匠であるが、出願図面において破線などで現された部分を含む「物品等の全体の形状等」が、類否判断において考慮される。他方、部品の意匠は「物品としての部品の形状等」で完結しており、類否判断において部品が取り付けられた完成品の形状等が考慮されることはない。

▶ 設題の検討

1　全体意匠

　「置き時計」は意匠法上の物品である。したがって、A社は、本体上部の形状が正面視円形のもの、正方形のもの、それぞれについて「全体意匠」として出願し、登録を受けることができる。

　しかしながら、4本の脚の形状が同じでも本体上部の形状がこれらと異なるものについては、意匠権による保護が及ばない場合が生じる。全体意匠で種々の正面形状に対応するためには、多数の意匠を出願する必要があり、それでも保護しきれない場合も生じるであろう。

　4本脚の形状を厚く保護する手段として、全体意匠は適切ではないということになる。

2　部分意匠

　置き時計の4本の脚は、物理的には分離している。しかしながら、4本の脚は、形状等の一体性があるであろうし、4本で本体部分を支承するという機能を果たすものであるから機能的な一体性も認められるであろう。

　したがって、A社は、意匠に係る物品を「置き時計」として、脚の部分を実線、本体部分を破線で書き分けた図面を用意して、部分意匠の出願し、登録を受けることができる。このような登録を受けることにより、本体部分の形状に拘わらず、意匠権による保護を期待することができる。A社にとって、好ましい出願と思われる。そして、類似する脚の形状について関連意匠の登録を受けることにより、保護は強化されることになる。

　なお、4本の脚のうち1本のみを実線で現す出願も可能であるが、このような出願によって3本脚の意匠に効力が及ぶかどうかは明確でない。

3　部品の意匠

　脚が本体と一体に成型されている場合は無理であるが、脚が本体にねじ留めされているなど、本体とは独立した部品である場合、脚のみを「置き時計用脚」として出願し、登録を受けることも可能である。時計においては、「時計の文字盤」（例えば意匠登録第1711491号）、「腕時計の針」（例えば意匠登録第1060727号）のような登録例がある。

　以下に、腕時計の文字盤部分を対象として、物品「腕時計本体」の部分意匠としての登録例と、物品「腕時計の文字盤」の全体意匠としての登録例を掲げる。

意匠登録第1666455号
【意匠に係る物品】腕時計本体

意匠登録第 1711491 号
【意匠に係る物品】時計の文字盤

 実務のためのひとこと

　部分意匠の登録は、特徴的な形状等を備えた意匠を幅広く保護するためには適した出願態様です。しかし、「部分意匠は全体意匠よりも保護範囲が広い」という考えは誤っています。全体意匠、部分意匠、そして部品の意匠はそれぞれ独自の効力範囲を持つものであり、部分意匠に頼れば安心、というものではありません（Unit 27 参照）。

Chapter 4

どのようにして
権利が作られるのか

　この章では、意匠の登録要件や手続を考えます。

　意匠法は、意匠登録を受ける権利を前提として意匠登録出願をすることができるものとし、意匠登録出願は審査官が審査し、拒絶の理由を発見しないときは登録すべき旨の査定をしなければならないと規定しています。拒絶理由を法定すること、所定の研修を受けた専門官である審査官が審査を行うこと、そして拒絶理由通知と意見書提出により、意匠登録を受ける権利の保護を図っているということができます。

　3条は意匠保護の本質、すなわち創作の保護という観点から要求される基本的な登録要件です。2条1項の要件を具備しないものは、3条1項柱書における「工業上利用することのできる意匠」に該当しないので、3条1項柱書により拒絶されることになります。3条1項各号は特許法29条1項各号に対応するものであって、客観的な新規性を要求するものです。

　3条2項は特許法29条2項に対応する規定であって、創作の非容易性を要求する規定です。3条1項各号と2項の関係については「可撓性ホース」最高裁判例が整理しており、平成18年改正で24条2項に類否判断の基準が「需要者の視覚を通じて起こさせる美感」と規定されたことにより、法的にも整理されました。しかし、最高裁判例の趣旨及び法改正の意図が「需要者混同説」でないことに留意してください。

　意匠の保護を考えるとき、意匠権が成立することにより第三者が受ける不利益も考える必要があります。新規性、創作非容易性を登録要件としていることは、そのような意匠は創作としての価値が評価できないことの他に、公知の意匠や容易に創作できる意匠に権利を付与することによる第三者の自由の制約も考慮されているといえます。補正や出願変更の規定には、出願人と第三者との利益調整が強く表れています。令和元年改正により、関連意匠登録における自己の登録意匠との関係が大幅に緩和されました。世界に類を見ない制度ですが、これも、利益調整の表れの一つだと思います。

　意匠登録出願の出願手続において、特許法と異なる大きな点は、補正が却下された場合の補正後の意匠についての新出願（17条の3）が認められている点です。特許法にもあった規定ですが、特許法においては昭和60年改正により廃止されたことから意匠法独自の規定となり、条文上も枝番となっています。

意匠保護における審査と無審査

参照条文

意匠法

第16条　特許庁長官は、審査官に意匠登録出願を審査させなければならない。

第18条　審査官は、意匠登録出願について拒絶の理由を発見しないときは、意匠登録をすべき旨の査定をしなければならない。

第20条　意匠権は、設定の登録により発生する。

（以下省略）

1　意匠保護のバリエーション

　我が国の意匠法では、実体審査を行い登録によって権利が発生する。すなわち、審査主義、登録主義、に基づいて意匠を保護している。しかし、世界に目を向けると、審査主義と登録主義の採用が一般的であるということはできない。審査主義を採用すれば必ず登録主義を採用することになるが、登録主義を採用しつつも審査主義を採用しない制度、登録も審査も行わずに意匠を保護する制度がある。

　登録主義で統一されている発明の保護と異なり種々のバリエーションが存在する理由は、意匠が産業財でありながらも著作物的な要素を含み、各国の文化との兼ね合いによって、保護の体系が作られていることによるものである。

2　審査主義

　審査主義とは、出願された意匠が、登録要件を備えているかについて、特許庁等の行政庁が調査及び判断をし、登録要件を備えた意匠について、登録をし、権利を発生させる制度をいう。ここでいう「審査」とは、登録要件を審査する「実体審査」をいい、方式的事項のみの審査は含まれない。

　審査主義のメリットは、審査を経て登録要件を備えた意匠のみが登録されるので、権利の安定性が期待できることである。他方で、一定の審査期間が必要とされるために、出願から登録まで時間がかかり、流行性の高い意匠の保護に適さないこと、出願費用が高額になりやすいことなどの問題点が指摘されている。

　審査主義を採用する国としては、米国、韓国、台湾が挙げられる。

3　無審査主義

　審査主義に対峙する仕組みが無審査主義であり、意匠が登録要件を備えているかについて、行政庁が審査をすることなく権利を発生させる制度をいう。実質的な権利の有効性の判断は、紛争が生じたときに、裁判所において行われる。欧州共同体意匠規則が代表的であり、韓国では、一部の物品について無審査で登録されている。

　無審査主義においては、登録により権利が発生するという制度と、登録なしに権利が発生する制度とがある。

　前者は、出願された意匠についての登録要件の審査をせずに、行政庁が登録をして権利が発生する制度である。後者は行政庁への出願をせずとも、意匠の実施などにより自動的に保護が開始される制度であり、欧州共同体意匠規則では、EU 域内での公表により公衆に利用可能となったことを権利発生の要件として、無登録で意匠を保護する制度が併存している（非登録意匠保護）。

　無審査主義のメリットは、審査を行わないために迅速に保護が開始され、流行性の高い意匠の保護に適すること、出願費用が比較的低額（非登録意匠保護では出願不要）であることである。他方で、登録される意匠は玉石混淆であり、権利の安定性に欠けることや、制度の利用者の調査負担が大きいことなどの問題点が指摘されている。

4　不正競争防止法 2 条 1 項 3 号

　我が国にも、無登録で意匠を保護する制度がある。不正競争防止法 2 条 1 項

3号は、他人の商品の形態模倣を不正競争行為として規制している。しかしながら、不正競争防止法における保護は、商品開発に対するコストの回収を担保することを目的とするものであり、意匠の創作を保護するものではない。

　なお、我が国意匠法においても、無審査登録を導入することについての議論（ダブルトラック化）がなされている。平成18年改正を審議した意匠制度小委員会においても検討テーマとして挙げられ、詳細な議論がおこなわれたが、「安定した権利関係の構築が重視される環境にあり、無審査登録制度の導入によるダブルトラック化については、直ちに導入する環境にはないと考えられる。」と結論づけられている（産業構造審議会知的財産政策部会『意匠制度の在り方について』（平成18年2月））。

Unit 14 ── 一意匠一出願

【設題】

　食器メーカーであるＡ社は、共通するレリーフ模様が施された飲食用ナイフとフォークを開発し、「ナイフ」と「フォーク」をセットにして、ナイフ、フォークと共通する模様が施されたケースに入れて販売することとした。ケースに入れた状態で、ナイフ、フォーク及びケースの模様は視認できる。Ａ社ではこの商品を重視しており、種々の側面から意匠登録をしたいと考えている。どのような出願方法があるかを検討せよ。なお、部分意匠の検討は除く。

参照条文

意匠法

第7条　意匠登録出願は、経済産業省令で定めるところにより、意匠ごとにしなければならない。

▶ 検討のポイント

- ☑　一意匠一出願
- ☑　経済産業省令
- ☑　一意匠（意匠ごとに）
- ☑　複数意匠一括出願

▶ 解説

1　一意匠一出願

　意匠法7条は、「意匠登録出願は、経済産業省令で定めるところにより、意匠ごとにしなければならない」と規定している。一般に一意匠一出願の原則といわれている。ただし、8条で「組物の意匠」を「一意匠」と規定していることを鑑みると、「一物品等についての一意匠一出願」というべきであろう。

　逐条解説には、「当然のことのようであるが、一つの図面に多くの意匠を記載して出願する場合があるので、それを防ぐため注意的に規定した。本条に違反した場合は拒絶の理由となる（17条）。なお、令和元年の一部改正前には、『意匠に係る物品』について経済産業省令で定める物品の区分に基づいて記載することとしていた。これは、『意匠に係る物品』の記載を出願人の自由にまかせて、例えば、『陶器』という記載を認めたのでは、『花瓶』と記載した場合に比べて非常に広汎な意匠の出願を認めたのと同一の結果を生ずるためである。しかし、令和元年の一部改正において、経済産業省令で定める『物品の区分』を廃止した。これは、急速な技術革新に伴って市場に多様な新製品が流通する中、出願人の便宜の観点から、より柔軟な出願手続を設けることが必要であるため『物品の区分』を廃止するとともに、『一意匠』の対象となる『一物品』、『一建築物』、『一画像』の範囲を、経済産業省令で定めることとしたものである。」（同1270頁）と記されている。

　また、高田『意匠』では、「意匠登録出願、ひいてはそれから発生してくる意匠権を正確なものにするためには、必然的に一物品ごとに、意匠ごとに意匠登録出願をすることにしなければならない。」（同257頁）と記されている。

　しかし、いずれも説得力のある説明とは言えないだろう。何故「陶器」と記載した出願人に「花瓶」と記載した出願人よりも広い権利を認めてはいけないのか、何故意匠ごとに出願されると意匠権が正確なものになるのか、よく理解できない。

　一意匠一出願は単なる政策的・手続的な規定であって、意匠保護の本質的要請ではないから、拒絶理由ではあっても無効理由ではないという扱いとされている。

　7条の要件は、「経済産業省令で定めるところ」に従うこと、そして「意匠ごと」に出願することである。

2　経済産業省令

　経済産業省令とは意匠法施行規則のことであり、その7条で、「意匠法第7条の規定により意匠登録出願をするときは、意匠登録を受けようとする意匠ご

とに、意匠に係る物品、意匠に係る建築物若しくは画像の用途、組物又は内装が明確となるように記載するものとする。」と規定されている。そして、従前の別表第一に代えて、「意匠に係る物品等の例」が「参考」として公表されている。これは、旧別表第一を基礎としたものであるが、意匠法に基礎を置く委任規定ではなく、法的拘束力はない。

3　一意匠（意匠ごとに）

　意匠とは物品等の形状等であるから、一意匠とは「一つの物品等」に係る「一つの形状等」ということとなる。これを出願書類の面からいうと、願書の「意匠に係る物品」及び「意匠に係る物品の説明」から把握される物品等が「一つ」であり、かつ「願書に添付した図面等」及び「意匠の説明」から把握される形状等が「一つ」であることである。

(1)　審査基準
　意匠法 7 条につき、審査基準は、同条に規定する要件を満たさないものの例として以下の項目を掲げている（同第 II 部第 2 章 2）。
　「(1)　二以上の物品等を願書の『意匠に係る物品』の欄に並列して記載した場合
　(2)　図面等において二以上の物品等を表した場合（数個の物品等を配列したものの場合を含む。）
　　　ただし、組物の意匠又は内装の意匠の意匠登録出願である場合を除く。
　(3)　一つの物品等の中に、物理的に分離した二以上の『意匠登録を受けようとする部分』が含まれている場合」

(2)　物品等の単一性
　審査基準には、次のように記されている（同第 II 部第 2 章 2.1）。
　「二以上の物品等に係るものであるか否かの判断は、以下のとおり行う。
　(1)　二以上の物品等に該当するか否かの判断における考え方
　　　① 図面等に複数の構成物が表されている場合であっても、社会通念上そ

れら全ての構成物が一の特定の用途及び機能を果たすために必須のものである場合は、審査官は一の物品等であると判断する。

② 当該結びつきが強固ではない場合であっても、以下に該当するものである場合は、審査官は、それらの点も補完的に考慮して、一の物品等であるか否かを判断する。

 (ア) 全ての構成物が物理的に一かたまりのものである場合や、形状等において密接な関連性を持って一体的に創作がなされている等、一の形状等としてのまとまりがある場合

 (イ) 社会通念上一体的に実施がなされ得るものである場合

③ 複数の構成物において一の特定の用途及び機能を果たすための結びつきが何ら認められない場合は、審査官は二以上の物品等と判断する。

 ただし、社会通念上一体的に流通がなされ得るものであり、かつ、全ての構成物が形状等の密接な関連性を持って一体的に創作がなされている場合は、審査官は、一の物品等であると判断する。」

従前、物品には、形態上独立の一体をなし、各構成部分が個性を有しない「単一物」、トランプや積み木のように数個の物が結合して一個の物をなし、その構成物が個性を失っている「合成物」、夫婦茶碗のように構成物が独立した個性をもつ「集合物」があり、意匠法上の一物品とされるものは主として単一物、合成物であると考えられていた。

しかしながら、別表第一の廃止に伴う審査基準の改訂（特に、上掲③ただし書）によって、一物品として扱われる範囲は大きく拡大した。現行審査基準（令和3年）においては、次頁に掲げたようなものが一物品とされている。このような運用の変更には、「冷菓事件」（知財高判平成28年9月21日裁判所ウェブサイト（平成28年（行ケ）第10034号））が影響しているものと思われる。

組物は8条において「組物全体として統一があるときは、一意匠として」と規定されているので、組物の意匠登録出願は複数の形態を含むものではあるが「一意匠」であり、7条の要件を満たすものとなる。

(3) 形状等の単一性

形状等、すなわち形状、模様、色彩の各要素が一つに特定されなければなら

容器付きゼリー

湯水混合水栓

歯磨き粉、包装用容器付き歯ブラシ

詰め合わせクッキー及び食卓用皿入り包装用容器

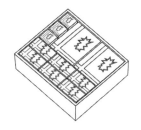

ない。形状のみの意匠であれば、図面等から認識できる「形状」が一つであればよく、形状・模様・色彩が結合した意匠であれば、図面等から認識されるこれらの要素がそれぞれ一つに特定されなければならない。

　したがって、図面に複数の形状等が開示されている場合には、原則として形状等の単一性が否定されるが、上掲物品の単一性の判断基準を満たす場合は、形状等の単一性が認められることになる。

　部分意匠においては、一の物品等に係るものであっても、物理的に分離した二以上の「意匠登録を受けようとする部分」が含まれているものは、原則として形状等の単一性が否定される。しかしながら、物理的に分離した二以上の「意匠登録を受けようとする部分」に形状等の一体性がある場合、機能的な一体性がある場合等は、形状等の単一性が認められる（審査基準第Ⅱ部第2章2.2、Unit 12参照）。

4　複数意匠一括出願

　令和元年の意匠法改正に伴う施行規則の改正により、「複数意匠一括出願手続」の扱いが開始された。施行規則2条の2の規定は次の通りである（下線部筆者加入）。

> 意匠登録出願（意匠法第10条の2第1項<u>（分割出願）</u>、同法第13条第1項若しくは第2項<u>（変更出願）</u>又は同法第17条の3第1項<u>（補正後の新出願）</u>の規定による意匠登録出願又は国際登録出願を除く。）をしようとする者は、二以上百以下の自己の意匠登録出願を一の願書により一括して提出することができる。

　「複数意匠一括出願」は、複数の意匠を一括して出願することを許容するもの（いわば、意匠出願の束）であり、複数の意匠を一出願に含めることを許容する「複数意匠一出願」とは異なる。一括として扱われるのは方式審査の終了までである。その後は、一括出願された意匠は、意匠ごとに出願番号が付与され、意匠ごとに審査され、意匠ごとに権利が発生する。

　ハーグ協定に基づく国際出願において、一出願に複数の意匠を含んでいる場合の扱いと同じと考えてよい。

▶ 設題の検討

1　構成物品ごとの出願

　「ナイフ」「フォーク」「ケース」はいずれも意匠法上の物品であるから、これらの構成物品ごとに意匠出願をし、登録を受けることができる。この場合、意匠権の効力は、「ナイフ」や「フォーク」を単独で販売する行為にも及び、「ケース（包装用容器）」の意匠権は、包装する物品を問わずにその効力が及ぶことになる。

2 包装された状態の出願

　ケースに収納された「ナイフ」「フォーク」は、社会通念上一体的に流通がなされ得るものである。したがって、全ての構成物が形状等の密接な関連性を持って一体的に創作がなされていると認定されれば、一意匠として出願し、意匠登録を受けることができる。審査基準の例（詰め合わせクッキー及び食卓用皿入り包装用容器）に倣うと、意匠に係る物品は「ナイフ及びフォーク入り包装用容器」となるのであろう。

　この場合、包装された状態が一意匠である。したがって、一部の構成物品の意匠と類似する公知意匠がある場合でも、新規性の要件はクリアすることになる。権利の効力は包装された状態で判断され、個々の構成物品の意匠に及ぶことはない。

　なお、一意匠とは認められない場合は、出願を分割することができる（10条の2）。

3 組物の出願

　「ナイフ」と「フォーク」は、同時に使用される物品であるから、組物として統一があるときは、組物の意匠（一組の飲食用具セット）として、出願し、意匠登録を受けることができる（Unit 10 参照）。

● 参考判決例 ●

• 「冷菓事件」（知財高判平成 28 年 9 月 21 日裁判所ウェブサイト（平成 28 年(行ケ)第 10034 号））

　「本願意匠登録出願に係る『意匠に係る物品の説明』（甲 4）には、『本物品は、参考断面図に示したように、容器部内に冷菓部材を充填し、次いで前記冷菓部材の上面全部をあん部材で覆い、次いで前記あん部材上にもち部材を点状に配設し、これらの全体を冷凍して容器部と一体に流通に付されるものである。』と記載されている。上記記載を参照すれば、本願意匠に係る『冷菓』は、容器部内に冷菓部材を充填し、その上部にあん部材、もち部材を順次配設した後、これらを冷やし固めることによって製造するものと認識される。そして、冷菓

部材、あん部材及びもち部材からなる『冷菓』は、『容器』と共に流通に付されるものである。使用の場面においても、通常、『容器』に入ったままの『冷菓』をスプーン等ですくって食することが想定される。よって、製造、流通、及び使用の各段階において、『冷菓』は、『容器』に充填され冷やし固められたままの一体的状態であると認められる。

　さらに、上記製造方法からすれば、本願意匠に係る『冷菓』を、その形態を保ったまま『容器』から分離することは、容易ではないものと推認される。しかも、『冷菓』は、製造の段階から、流通、使用に至るまで『容器』から分離されることはないから、『冷菓』が『容器』から独立して通常の状態で取引の対象となるとはいえない。

　これらを総合考慮すれば、本願意匠に係る物品である『容器付冷菓』は、社会通念上、一つの特定の用途及び機能を有する一物品であると認められ、『冷菓』の部分のみが『容器』の部分とは独立した用途及び機能を有する一物品とはいえない。」

意匠登録第1571832号
【意匠に係る物品】容器付冷菓

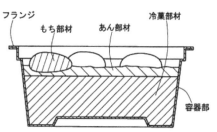

実務のためのひとこと

　現行審査基準は、一物品の範囲を「社会通念上一体的に流通がなされ得るものであり、かつ、全ての構成物が形状等の密接な関連性を持って一体的に創作がなされている場合」まで拡大しています。複数の固体で構成される意匠の登録を望む場合、この要件に適合するかどうかという観点から検討することが重要です。そして、「意匠に係る物品の説明」において、この要件に該当する根拠を記すことも必要でしょう。

新規性

【設題】

　A 社は、新しい劇場用の椅子 X を開発したが、意匠調査を行ったところ、この椅子に類似する椅子 Y を B 社が意匠登録をしていることが分かった。A 社は是非ともこの椅子を商品化したいと考え、B 社の意匠 Y の出願経過を調べたところ、次の事実が分かった。

　B 社は、意匠登録出願前に、B 社の意匠に係る椅子 Y を C 劇場に設置しているが、C 劇場のオープンは意匠登録出願後であった。

　A 社は、B 社の意匠 Y の意匠登録を無効にすることができるだろうか。

参照条文

意匠法

第 3 条　工業上利用することができる意匠の創作をした者は、次に掲げる意匠を除き、その意匠について意匠登録を受けることができる。

　一　意匠登録出願前に日本国内又は外国において公然知られた意匠

　二　意匠登録出願前に日本国内又は外国において、頒布された刊行物に記載された意匠又は電気通信回線を通じて公衆に利用可能となつた意匠

　三　前二号に掲げる意匠に類似する意匠

　（以下省略）

▶ 検討のポイント

☑　新規性の意義

☑　新規性の判断基準時・地域

☑　新規性喪失の事由

☑　類似する意匠

▶ 解説

1 新規性の意義

意匠は新規性のあるものでなければ登録を受けることができない（3条1項各号）。産業立法である特許法と共通し、独創性をもって権利が発生し得る著作権法とは一線を画している。

意匠法は産業立法なので、意匠の創作の価値は産業の発達への寄与という社会的経済的な価値として評価される。たとえ創作者が独自に創作したものであっても既に同じ価値の意匠が存在する場合には、その意匠は社会に対して新しい価値を提供したものとはいえず、その保護が産業の発達につながるともいえない。

そこで意匠法は新規性を有するもののみを登録して保護することとしている。3条1項各号は、新規性が認められない要件を限定的に列挙したものである。

2 新規性の判断基準時・地域

(1) 判断基準時

新規性の判断基準時は「意匠登録出願前」である。したがって、日ではなく特許庁に出願された時を基準として判断される。出願された時とは、願書が現実に特許庁に到達した時をいう。しかし、特許庁が全国に一ヵ所であることによる地理的な不平等を解消するために、郵便により提出した場合は、郵便局に「差し出した日時を郵便物の受領証により証明したときはその日時に、その郵便物……の通信日付印により表示された日時が明瞭であるときはその日時に、その郵便物……の通信日付印により表示された日時のうち日のみが明瞭であって時刻が明瞭でないときは表示された日の午後12時に」特許庁に到達したものとみなされる（68条2項において準用する特許法19条）。

ただし、現実には「日」を基準として運用されている。

(2) 判断基準地域

「日本国内又は外国」を基準として判断される。

　「日本国内又は外国において」とは、世界いずれかの地域において1号又は2号に該当する事実が存在する場合は新規性がないものとされることを意味する。いわゆる世界公知である。

　平成11年の特許法改正（平成11年5月14日法律41号）前は、特許法において刊行物記載（特許法29条1項3号）のみは世界公知であり、公知（同1号）、公用（同2号）は国内公知であったが、意匠法においては従前から世界公知が採用されていた。

　これは、意匠は刊行物に記載されて公知になるよりも実施されて公知になる方が早い場合が多く、世界公知を刊行物記載に限定したのではほとんど意味がないためと説明されていた。

3　新規性喪失の事由

(1)　公然知られた意匠

　「公然知られた意匠」とは、秘密状態を脱した意匠をいう。その意匠が秘密を脱していれば、たとえ少人数の者に知られた状態であっても該当する。審査基準では「『公然知られた』とは、不特定の者に秘密でないものとしてその内容が知られた意匠のことをいう」と規定している（同第Ⅲ部第2章第3節2.3）。

　「公然知られた」というためには、知られ得る状態で足りるのか、現に知られていることが必要なのか、については学説・判決例ともに分かれている。特許庁では後者の立場がとられ、意匠公報の発行日前の登録意匠については、意匠権の設定登録がされていても、一般に公然知られた意匠として、3条1項1号の規定の適用の基礎となる資料とすることには疑義が認められるため、公然知られた意匠としては扱わないものとして運用されている。

　なお、特許法29条1項では、「公然知られた発明」（公知）（1号）と「公然実施をされた発明」（公用）（2号）がそれぞれ規定されているが、意匠法においては特許法における公用に相当する規定がない。意匠は外観で判断するため、公然実施されればすべて公知になることに基づくためであると説明されている（高田『意匠』132頁）。

(2) 頒布された刊行物に記載された意匠

　刊行物とは、公衆に対し頒布により公開することを目的として複製された文書、図面その他のこれに類する情報伝達媒体をいい、「公開性」と「頒布性」が必要であるとされている（「ベルギー特許明細書事件」東京高判昭和 53 年 10 月 30 日裁判所ウェブサイト（昭和 50 年(行ケ)第 97 号））。CD-ROM のような電子媒体も刊行物であるが、インターネットなどで提供される画像は頒布性がなく刊行物には含まれない。

　頒布とは、刊行物が配り渡され、不特定多数の者が見得るような状態におかれることをいう。現実に頒布されることが必要だが、現実に誰かがその刊行物を見たという事実は必要としない（『逐条』87 頁）。したがって、ある刊行物が図書館に受け入れられ公衆の閲覧が可能な状態になれば新規性を喪失することになる。

　記載された意匠とは、意匠公報のように、形状の全てが現されているものに限られない。審査基準は、「『刊行物に記載された意匠』（創作非容易性の判断の場合は『形状等又は画像』を含む。本項においては以下同じ。）とは、刊行物に記載されている事項及び刊行物に記載されているに等しい事項から把握される意匠をいう。」「刊行物に記載されているに等しい事項とは、刊行物に記載されている事項から、本願の出願時のその意匠の属する分野の通常の知識に基づいて当業者が導き出せる事項をいう。」と規定している（同第Ⅲ部第 2 章第 3 節 2.1）。

(3) 電気通信回線を通じて公衆に利用可能となった意匠

　インターネットの普及に伴い、平成 11 年改正で追加されたものである。

　電気通信回線とは、有線又は無線により双方向に通信可能な電気通信手段を意味する。双方向通信が可能なケーブルテレビは電気通信回線に含まれるが、一方向からしか情報を通信できないもの（例えば放送）は含まれない。

　公衆とは、社会一般の不特定の者をいい、利用可能とは、開示された情報が公衆（不特定多数の者）にアクセス可能な状態におかれることをいい、現実のアクセスを必要としない。

4　類似する意匠

　意匠法は、特許法、実用新案法と異なり「類似する意匠」も新規性がないものとしている（3条1項3号）。逐条解説では「意匠の新規性の判断は物品の形状、模様等を比較して行うものであるから、全く同一の意匠に限らず類似のものまでも新規性がないとしたのである。」（同1254頁）と解説されている。

　なお、逐条解説の23条の項においては、「意匠権は特許権、実用新案権と同じく抽象的なアイデアの保護に関する権利である。そして、意匠権については『登録意匠及びこれに類似する意匠』を業として実施をすることができるとした。」と記載されている。このことから、「類似する意匠」の評価には創作的価値の観点が含まれているものと理解できる。

▶ 設題の検討

1　A 社の立場

　A 社が開発した椅子 X は B 社が意匠登録している椅子 Y に類似するので、A 社が椅子 X を製造・販売すると B 社が保有する椅子 Y に係る意匠権を侵害することになる。したがって、A 社が椅子 X を製造・販売するためには、B 社から実施許諾を受けるか、B 社の意匠権を無効にする必要がある。

2　無効審判

　B 社の意匠権を無効にするためには、A 社は B 社に対して、意匠 Y に係る意匠権について、意匠登録無効審判を請求する必要がある。意匠登録の無効事由は 48 条 1 項に限定列挙されている。設題においては、3 条 1 項 3 号該当性が問題となる。

3　B 社の意匠 Y は出願前公知か

　B 社は、椅子 Y に係る意匠登録出願前に、椅子 Y を劇場に設置している。

この行為によって公知となっていたのであれば、B社の意匠登録は無効事由を有することになり、公知となっていないとされるのであれば、B社の意匠登録には無効事由がないことになる。

　問題は、B社が意匠登録出願をしたのが、椅子Yを劇場に設置した後ではあるが、劇場のオープン前であったことだろう。B社が椅子を劇場Cに設置したことを作業者や管理者は見ているはずである。彼らが守秘義務を負っているならば秘密の状態であり、守秘義務を負っていなければ秘密の状態を脱していると言える。

4　現に知られたのはいつか

　C劇場のオープンによって、そこに設置された椅子の意匠Yが「現に知られている」状態になったことは明らかである。それ以前に「現に知られている」状態になった可能性はないであろうか。

(1) 設置前

　B社がC劇場に椅子を設置するにあたっては、B社は椅子の写真などをC劇場の担当者に提示していることが考えられる。提示した場合、守秘義務契約をしていないならば、椅子の意匠Yは、守秘義務のない第三者であるC劇場の担当者に「現に知られている」状態となったと言える。

(2) 設置工事

　椅子のC劇場での設置工事において、設置工事は施工会社に委託していることだろう。そして、工事担当者は当然に椅子の意匠Yを見る。このとき、守秘義務契約をしていないならば、椅子の意匠Yは、守秘義務のない第三者である工事担当者に「現に知られている」状態となったと言える。

(3) 設置後・意匠登録出願前

　椅子が設置されたC劇場に、C劇場の関係者は立ち入ったはずである。こけら落とし公演の出演者も、オープン前に立ち入っているだろう。また、C劇

場は新しい椅子が設置されてリニューアルされた劇場を HP などで配信しているかもしれない。

このような事実によっても、椅子の意匠 Y は、「現に知られている」状態となったと言える。

5 むすび

「公然知られた」を、知られ得る状態で足りると解釈するならば、椅子の意匠 Y は劇場への設置によって、B 社の意匠登録出願前に公知となっていたということができ、意匠登録を無効とすることができる。

他方、「公然知られた」を、現に知られていることが必要と解釈するならば、劇場への設置によって公知になったと断定はできないが、状況を精査することによって、意匠登録を無効にすることができると思われる。

● 参考判決例 ●

• 「照明器具用反射板事件」（知財高判平成 23 年 11 月 21 日裁判所ウェブサイト（平成 23 年（行ケ）第 10129 号））

施工段階での公知性が争われた事案として、「照明器具用反射板事件」がある。この事案では次のように判示している。

「意匠法 3 条 1 項 1 号に規定する『公然知られた意匠』とは、一般第三者である不特定人又は多数者にとって単に知りうる状態にあるだけでは足りず、現実に知られている状態であることを要し、また、不特定人という以上、その意匠と特種な関係にある者やごく偶然的な事情を利用した者だけが知っているにすぎない場合は含まれないと解するのが相当である。」

実務のためのひとこと

意匠登録出願の実務において、新規性の管理は極めて重要な課題です。新規性は、普通の営業活動で喪失します。これを防止するために、営業担当者、宣伝担当者が「新規性」について理解すること、守秘義務契約をルーティン化すること、そして公表の時期についての社内調整が必要です。

Unit 16

意匠の類似

1　意匠

　意匠とは、物品等の形状、模様若しくは色彩又はこれらの結合（「形状等」）
であって、視覚を通じて美感を起こさせるものをいう（2条1項）。
　したがって、「美感」が意匠の創作の結果物ということになる。意匠法は意
匠の創作を保護するものである。創作の結果物が美感であるから、意匠の創作
の価値は「美感」で判断することになる。
　意匠法では、意匠の類否は「需要者に起こさせる美感」で判断するものとさ
れている（24条2項）。
　意匠法が産業立法であることから、主観的な創作ではなく、創作物が客観的
に産業に寄与するものとして評価されることが要求されているということがで
きる。

2　需要者

　意匠は物品等の美的外観なので、それが類似するかどうか（言い換えると、
意匠の創作価値の評価）は、誰が観察するかによって変わる。一般に、その意
匠の分野にどのような周辺意匠が存在するのかを熟知している人は、対比する
意匠の細かい点における違いを見いだして観察する傾向にあり、周辺意匠をあ
まり知らない人は、ざっくりとした共通点を重視して観察する傾向があるとい
える。
　前者の典型は、創作者の視点で意匠の類否を判断する考え方（創作説）であ
り、後者の典型は、一般需要者の視点で意匠の類否を判断する考え方（混同説）
である。意匠法は「需要者」と規定しているが、混同説の立場を採用したもの

ではない。「取引者及び需要者を意味する」(『逐条』1315頁) と解されており、審査基準では「物品の取引、流通の実態に応じた適切な者とする。」とされている (同第Ⅲ部第2章第1節2.2.1)。

3 意匠の類似

(1) 意匠の類似

意匠が類似するとは、「需要者に起こさせる美感」が共通することである (24条2項)。物品等が同一又は類似であることを前提として、形状等が同一又は類似であって、その結果「美感」が共通すること、とされている。

公知意匠に類似する意匠は、新しい美感を創作していないものと評価され、新規性が否定されて登録を受けることができない (3条1項3号)。また、意匠権の効力は「登録意匠及びこれに類似する意匠」に及ぶ (23条)。逐条解説には「意匠権は特許権、実用新案権と同じく抽象的なアイデアの保護に関する権利である。そして、意匠権については『登録意匠及びこれに類似する意匠』を業として実施をすることができるとした」と書かれている (同1313頁)。

(2) 物品等の同一・類似

意匠法に、意匠が類似するための要件として、物品等が類似することを要求する規定はない。意匠が市場において果たす機能を重視する「混同説」「需要説」の立場に立つと、物品等が同一又は類似であることは、意匠が類似するための重要な要件になる。他方「創作」を重視する立場においては、市場の観点ではなく、物品等の用途機能は意匠の創作をする際に無視できない条件であることから、物品等が同一又は類似であることを、意匠が類似するための要件と考えることになる。

意匠の類似は、対比する意匠同士の意匠に係る物品等の用途及び機能が同一又は類似であることを前提とする (審査基準第Ⅲ部第2章第1節2.2.2.2)。例えば、ボールペンとシャープペンシルは「書く」という用途が共通するので類似物品である。

現実の侵害事件においては、登録意匠とイ号意匠とは同一物品である場合が

ほとんどであり、物品等の類否が争われることはほとんどないが、登山用の「カラビナ」とキーホルダー的に使用される「カラビナ」とは、形態が共通していても「物品」が異なるので非類似と判断された裁判例がある（「カラビナ事件」知財高判平成17年10月31日裁判所ウェブサイト（平成17年(ネ)第10079号））。

　なお、意匠の類似の要件として物品等の類似が要求されることから、意匠権の効力が狭くなるという指摘がされている。典型例として、自動車の意匠権を保有している者が同じ形態のミニチュアカーの製造販売を意匠権に基づいて差し止めることができない、ということが挙げられる。意匠の評価において形状と機能の結びつきを重視する立場からは、認められないという結論になるが、形状を重視する立場からは認めるべきということになろう。

　欧州共同体意匠規則においては、製品（欧州共同体意匠規則では「物品」とはいわない。画像デザインなどを含める趣旨）の名称は意匠権の効力に影響しないものとされている（規則36条）。

(3) 形状等の同一・類似

　形状等が同一であるとは、形状等の構成要素が共通していることをいい、形状等が類似するとは、形状等の構成要素に差異はあるが全体として観察したときの美感が共通していることをいう。意匠の類否はあくまでも全体観察により決められる。

　一般的には、

- 対比する二つの意匠が
  「共通点が美感に及ぼす影響」＞「差異点が美感に及ぼす影響」
  である場合は「類似」
- 対比する二つの意匠が
  「共通点が美感に及ぼす影響」＜「差異点が美感に及ぼす影響」
  である場合は「非類似」

と判断されることとなる。

(4) 共通点・差異点のウエイト付け

　「共通点が美感に及ぼす影響」と「差異点が美感に及ぼす影響」の大小を判

定するためには、それぞれが全体観察においてどの程度のウエイトをもって評価されるべきであるかを決定しなければならない。共通点、差異点を分析した後に当該意匠の類否判断の要となる構成要素が発見される。この構成要素は、意匠の要部と呼ばれることがある。

　審査基準では、以下の観点からみてどの程度注意を引くものなのかを検討することにより、各共通点及び差異点が意匠全体の美感に与える影響の大きさを判断するものとされている（同第Ⅲ部第2章第1節2.2.2.6）。

　「(1) 対比観察した場合に注意を引く部分か否かの認定及び評価

　両意匠の各共通点及び差異点における形状等が、対比観察した場合に注意を引く部分か否か及びその注意を引く程度は、①その部分が意匠全体の中で占める割合の大小、及び②その部分が意匠に係る物品等の特性からみて視覚的印象に大きな影響を及ぼす部分かにより、認定及び評価を行う。

　(2) 先行意匠群との対比に基づく評価

　出願された意匠と公知意匠の各共通点及び差異点における形状等が、先行意匠群と対比した場合に、注意を引きやすい形状等か否かを評価する。形状等が注意を引きやすいものか否かは、同じ形状等を持つ公知意匠の数や、他の一般的に見られる形状等とどの程度異なった形状等であるか、又その形状等の創作的価値の高さによって変わる。」

　現実の紛争では、形状等が同一であることは殆どなく、形状等の類否が最大の争点となる。そのなかで、最大の争点は「要部の認定」である。

4　特許庁における判断手法

　審査基準はUnit 17で詳述するが、その前に、類否判断のイメージを掴むために審決（「幼児用いす」無効2003-35156）を素材として流れを紹介する。なお、裁判所では「要部」の語を使用するが、特許庁では「要部」とは言わず「注意を引く部分」などと表現している。

登録意匠　　　　　　　　公知意匠

① 基本的構成態様（意匠全体の骨格となる態様）の把握

　　全体が、左右脚間に、上から順に背当て、テーブル、座、及び足載せを取り付けて成るものであって、座と足載せは、それぞれ脚の任意の高さ位置に取り付け変更して使用可能なものとした点。

② 具体的態様の把握

　・フレーム、足載せ板、座面、テーブル、背もたれなど各要素の具体的な形状。

③ 共通点、差異点の抽出

　・基本的構成態様は共通する。

　・具体的態様は共通点もあり差異点もある。

④ 共通点のウエイト付け

　　共通点は、両意匠のみの特徴か、それとも他にもあるかを検討する。この検討において、同種の意匠を資料（証拠）に基づき認定した上で判断する。

　　審決では概略次のように判断した。

　　基本的構成態様については、例示するまでもなくこの種意匠の分野において従来から普通に採用される形態創作の前提となる構成態様であり、特徴とはいえない。

　　具体的態様における共通点も、それ自体が類否判断に及ぼす影響はさほど大きいものではない。

　　これらの共通性のみで類似と判断することはできないことになる。

⑤差異点のウエイト付け

　・差異点は需要者の注意を引くか。

- 差異点が総合して別異な印象を与えるものとなっているか。
  - →肯定されれば、差異点は高く評価され、「非類似」と判断され否定されれば、ありふれた態様といえども、共通点が高く評価され、「類似」と判断される。

審決では概略次のように判断した。

脚端の態様及び脚支柱の立設態様、脚支柱側面の態様の差異は、通常の使用時において顕著に観察される部分である脚に係る差異であって、これらの差異点が相俟って、両意匠を別異のものと看者に印象付ける一定の効果を発揮している。

⑥ 全体観察

共通点、差異点のウエイト付けを踏まえて、全体として観察し、類否を判断する。

審決では、共通点が両意匠の類否判断に及ぼす影響はさほど大きいものではなく、これらの差異点が相俟って共通点を凌駕することは明らかであり、意匠全体として類似するものとはいえないと結論づけている。

5　むすび

意匠の類否判断の手法については、かつては特許庁と裁判所で異なる場合もあったが、現在ではほぼ一致している。どちらも、出願前公知意匠を参酌し、公知意匠にない当該意匠の態様を抽出し、その新規な態様が全体観察において占めるウエイトを判断した上で、全体観察を行い需要者の観点から美感に差異があるか否かを判断している。この手法はほぼ定着していると言ってよいであろう。

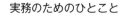

実務のためのひとこと

意匠の評価は先行意匠との関係で決まります。したがって、単に二つの意匠を比べるだけでは「意匠の類否」を判断することはできません。

Unit **17**

類似と創作非容易性

【設題】

　Aは、以下に示す意匠の「歯ブラシ立て」（意匠A）を製造販売していたところ、Bから意匠Aは以下に示すBが保有する「歯ブラシ立て」に係る登録意匠（意匠B）に類似するとの警告を受けた。

(1) Aは、意匠Aが意匠Bと非類似であると主張するためにはどのような証拠を収集する必要があるか。

(2) Aは、意匠Bの登録を3条1項、2項を理由として無効とするためにはどのような証拠を収集する必要があるか。

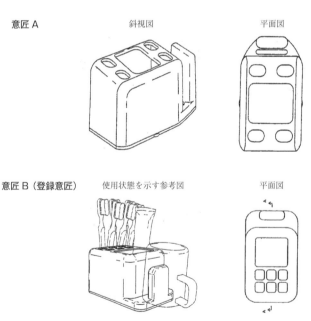

意匠A　　　　　　　斜視図　　　　　　　　　平面図

意匠B（登録意匠）　使用状態を示す参考図　　　平面図

参照条文

意匠法

第24条（1項省略）

2　登録意匠とそれ以外の意匠が類似であるか否かの判断は、需要者の視覚を通じて起こさせる美感に基づいて行うものとする。

第3条（1項省略）

2　意匠登録出願前にその意匠の属する分野における通常の知識を有する者が日本国内又は外国において公然知られ、頒布された刊行物に記載され、又は電気通信回線を通じて公衆に利用可能となつた形状等又は画像に基づいて容易に意匠の創作をすることができたときは、その意匠（前項各号に掲げるものを除く。）については、同項の規定にかかわらず、意匠登録を受けることができない。

▶ 検討のポイント

- ☑　意匠の類似
- ☑　類似の判断手法
- ☑　創作非容易性
- ☑　創作非容易性の判断手法

▶ 解説

1　意匠の類似

(1) 意匠の類似

　意匠の類似に関しては、24条2項において、「登録意匠とそれ以外の意匠が類似であるか否かの判断は、需要者の視覚を通じて起こさせる美感に基づいて行うものとする。」と規定されている。この規定は、登録意匠とそれ以外の意匠に関する類否判断の規定であるが、3条1項3号における類否判断にも適用されるものとされている。

　登録要件としての「類似」は、出願意匠が公知意匠が提供する美的価値（美感）の範囲にあるか否かを判断するものであり、意匠権の効力としての「類似」は、対象となる意匠が登録意匠が提供する美的価値（美感）の範囲にあるか否かを判断するものであり、両者に差異はないためである。

　何れの場面においても、意匠が提供する美的価値の評価は、創作の成果とし

113

ての意匠を評価するものなので、似ている・似ていないという直感的な評価ではない。周辺にどのような意匠が存在する中で創作されたものであるかを見極めた上で、創作としての価値を評価する作業である。

　一般に、登録要件としての類否判断においては、以下に示す審査基準に記されているように、構成態様に分解した上で、共通点・差異点を個々に評価する手法が採られ、侵害事件の場においては、登録意匠の要部を抽出した上で対比する手法が採られているが、実質的に大きな違いはないであろう。

(2) 類似の判断手法

　審査基準においては以下のように規定されている（同第Ⅲ部第2章第1節）。

(ⅰ) 判断主体

　類否判断の判断主体は、需要者（取引者を含む）である。

　24条2項でいう「需要者」は、取引者を含む概念であることから、ここでは「需要者（取引者を含む）」としており、物品の取引、流通の実態に応じた適切な者とする。

　類否判断は、人間の感覚的な部分によるところが大きいが、その判断を行う際は、創作者の主観的な視点を排し、需要者（取引者を含む）が観察した場合の客観的な印象をもって判断する。

(ⅱ) 類否判断の手法

　意匠は、物品等と形状等が一体不可分のものであるから、対比する両意匠の意匠に係る物品等が同一又は類似でなければ意匠の類似は生じない。したがって、審査官は、対比する両意匠が以下の全てに該当する場合に限り、両意匠は類似すると判断する。

　① 出願された意匠と公知意匠の意匠に係る物品等の用途及び機能が同一又は類似であること

　② 出願された意匠と公知意匠の形状等が同一又は類似であること

　なお、上記①及び②が同一の場合、両意匠は同一と判断する。

(ⅲ) 意匠の類否判断の観点

　審査官は、次の(ア)から(キ)の観点により、類否判断を行う。

　(ア) 対比する両意匠の意匠に係る物品等の用途及び機能の認定及び類否判断

㈠ 物品等の部分について意匠登録を受けようとする意匠の場合、当該部分
　における用途及び機能の共通点及び差異点の認定

㈡ 物品等の部分について意匠登録を受けようとする意匠の場合、当該部分
　の位置、大きさ、範囲の共通点及び差異点の認定

㈢ 対比する両意匠の形状等の認定

㈣ 対比する両意匠の形状等の共通点及び差異点の認定

㈤ 対比する両意匠の形状等の共通点及び差異点の個別評価

㈥ 総合的な類否判断

これら各観点についての詳細は、審査基準を参照されたい。

(3) 具体的な手順

① 物品の類似

　出願意匠の形態並びに願書に記載された説明を参照し、出願意匠の用途・機能を把握した上、物品の類似する範囲すなわち調査すべき物品の範囲を決定する。

② 公知意匠の調査

　出願意匠に近似した意匠を調査し、複数の公知意匠と出願意匠を対比し、最も近似した公知意匠1件を選定する。このとき、一般に基本的構成態様（意匠全体の骨格あるいは基調をなす態様）と具体的態様とに分けて分析される。

③ 類否判断

　基本的構成態様が共通する公知意匠が発見されなかった場合は、「類似する意匠は存在しない」（3条1項3号に該当せず）との結論となる。

　基本的構成態様が共通する公知意匠が発見された場合、具体的態様を対比する。ここで具体的態様も共通している場合は、類似する意匠（3条1項3号に該当）と認定されることとなる。

　他方、基本的構成態様が共通する公知意匠が発見された場合、共通する基本的構成態様が当該公知意匠と出願意匠のみに共通する構成態様であって、同様の基本的構成態様を有する意匠が他に発見されていない場合（すなわち共通する部分がありふれていない場合）、共通する基本的構成態様は類否判断において重視されることとなり、類似するとの結論が導かれやすいこととなる。

　逆に共通する基本的構成態様を有する意匠が他にも存在する場合（共通する部分がありふれている場合）は、類否判断における基本的構成態様のウエイトは相対的に低下し、具体的態様の差異が重視される。

　具体的態様の対比に際しては、共通点・差異点が看者の注意を引く部分であるか否か、差異点がありふれた改変であるか否かが重視される。そして、看者の注意を引く部分であるか否かの認定に際しては、物品の用途が参酌される。

　このような観点から具体的態様の共通点・差異点のウエイト付けがなされる。その結果、差異点が看者の注意を引かない部分であり、かつありふれた改変に過ぎないと認定された場合は、意匠を全体として観察したときに差異点は共通性に埋没するものとして、類似するとの結論に至る。逆に差異点が看者の注意を引く部分であり、かつ出願意匠独自の態様と認定された場合は、意匠を全体として観察した場合に差異点が共通点を凌駕するものとして、非類似との結論に至る（Unit 16 参照）。

2　創作非容易性

(1) 趣旨

　意匠法は意匠の創作にその保護の基礎をおくものであるから、公知の意匠その他の形態から容易に創作できる意匠を保護することは、法の趣旨に反する。意匠が形状等にかかる創作であることから、意匠すなわち物品等の形状等のみならず、物品等以外の形状等も創作非容易性判断の基礎としている。この点に「発明」のみを基礎とする特許法 29 条 2 項との違いがあるが、その趣旨は共通している。そして、適用手法においても基本的に共通しているということができる。

　なお、3 条 1 項 3 号との違いについて最高裁は「可撓性ホース事件」（最判昭和 49 年 3 月 19 日裁判所ウェブサイト（昭和 45 年（行ツ）第 45 号））において以下のように判示している。

　「（筆者注：意匠法 3 条 2 項は、）同条 1 項が具体的な物品と結びついたものとしての意匠の同一又は類似を問題とするのとは観点を異にし、物品との関係を離れた抽象的なモチーフとして日本国内において広く知られた形状、模様、色

彩又はこれらの結合を基準として、それから当業者が容易に創作することができた意匠でないことを登録要件としたものであり、そのモチーフの結びつく物品の異同類否は問題とされていない。……同条1項3号は……一般需要者の立場からみた美感の類否を問題とするのに対し、3条2項は、物品の同一又は類似という制限をはずし、社会的に広く知られたモチーフを基準として（筆者注：この事件当時創作非容易性判断基準は「広く知られた形態」であった）、当業者の立場からみた意匠の着想の新しさないし独創性を問題とするものであつて、両者は考え方の基礎を異にする規定である」

（2）判断主体

　出願された意匠の創作非容易性について、当業者の視点から検討及び判断する。

　当業者とは、その意匠に係る物品を製造したり販売したりする業界において、当該意匠登録出願の時に、その業界の意匠に関して、通常の知識を有する者をいう。

（3）具体例

　審査基準においては、以下の場合はありふれた手法であって3条2項に該当するものと例示されている（同第Ⅲ部第2章第2節4.2.1）。

「（a）置き換え

　　意匠の構成要素の一部を他の意匠等に置き換えることをいう。

　（b）寄せ集め

　　複数の既存の意匠等を組み合わせて、一の意匠を構成することをいう。

　（c）一部の構成の単なる削除

　　意匠の創作の一単位として認められる部分を、単純に削除することをいう。

　（d）配置の変更

　　意匠の構成要素の配置を、単に変更することをいう。

　（e）構成比率の変更

　　意匠の特徴を保ったまま、大きさを拡大・縮小したり、縦横比などの比率を変更することをいう。

(f) 連続する単位の数の増減

　　繰り返し表される意匠の創作の一単位を、増減させることをいう。

(g) 物品等の枠を超えた構成の利用・転用

　　既存の様々なものをモチーフとし、ほとんどそのままの形状等で種々の物品に利用・転用することをいう。」

▶ 設題の検討

1　設題(1)について

　設題においては、歯ブラシ立て並びに歯磨き粉立てとなる箱状部の一側に底板を伸ばしてカップ立てとなる立ち上がり部を設けてあるという、意匠の骨格をなす基本的構成態様において意匠Aは意匠Bと共通している。他方、前記箱上部の上面に設けられた孔の配置において異なっている。

　そして、差異点はこの物品の上部に位置し、使用の際にも常に目に触れる部分であるから、「見えやすい部分」ということができる。

　そうすると、両意匠において共通する基本的構成態様が「ありふれている」「登録意匠の出願前から存在する」ものであれば（公知意匠で足りるとするか、周知意匠でなければならないとするかには争いがあるが）、基本的構成態様が共通することは類否判断における影響力が低下する。その結果、孔の態様において明らかな差異がある意匠Aは意匠Bに類似しないという主張が成り立ち得る。

　したがって、設題(1)において警告を受けたAがなすべきことは、意匠Bの出願前における公知意匠として、上記基本的構成態様を備えたものを探し出すことが重要である。

2　設題(2)について

(1) 3条1項3号該当による無効

　3条1項3号（類似）による無効を主張するためには、上記審査基準並びに類否判断の手法に基づくと以下の主張が考えられる。

　意匠Bの出願前から、意匠Bと基本的構成態様、具体的態様ともに近似し

た公知意匠Ｃが存在したことを証拠として提出し、意匠Ｂは意匠Ｃに類似することを主張する。

この場合、具体的態様に差異点があるとしても、差異点が看者の注意を惹く部分でない、差異点はありふれた改変であると主張することが考えられるが、このような主張の根拠となる証拠を収集する必要がある。

なお、意匠の類否判断は、全体としての総合判断であることを忘れてはならない。

(2) 3条2項該当による無効

設題において、意匠Ｂが公知意匠との関係において創作容易であると主張するためには、基本的構成態様が共通する意匠が意匠Ｂの出願前に存在したこと前提となろう。そして、その公知意匠は孔の態様において意匠Ｂと異なるとしても、孔の態様が共通する他の公知意匠が存在すれば、「孔の態様」の「置き換え」にすぎないという主張が成立する可能性がある。この場合、孔の態様が意匠Ｂと共通した意匠は、「歯ブラシ立て」の意匠であれば、カップ立てを備えていなくともよいと考えられる。

では、カップ立てのない箱状部のみの公知意匠（孔の態様も共通）、及び意匠Ｂに近似した形状のカップ立てを有するものの歯ブラシ立て部分がワイヤ製で箱状をなしていない意匠が存在する場合はどうであろうか。「箱状の歯ブラシ立て」＋「カップ立て」であるから「寄せ集めの意匠」に該当する、という主張もあり得るかもしれない。見解の分かれるところかもしれないが、前記両者の組合せが当業者にとってありふれた手法によるものとは思えない。本項の適用はないものと考えたい。

そうすると、Ａは意匠Ｂを無効とするために、基本的構成態様が共通した出願前公知意匠と、孔の態様が共通する出願前公知意匠とを証拠として提出する必要がある、ということができる。

実務のためのひとこと

　　意匠の類否判断は、公知意匠に基づく客観的な評価の積み重ねです。二つの意匠のみを比較して類否判断を行うことはできません。常に、公知意匠、周辺意匠にどのようなものがあり、評価対象となる登録意匠がどのように評価されて登録されているのかを考える必要があります。これは、出願・審査における類否判断も、侵害時における類否判断も同じです。

Unit 18

3条1項3号（類似）と3条2項（創作非容易性）の関係

1 はじめに

　意匠法は、意匠の創作の奨励を通じて産業の発達を図ることを目的とする創作保護法である。したがって、創作としての価値を備えた意匠のみを、登録し保護する。その評価基準を登録要件として定めたものが、3条1項各号及び2項である。前者の要件を新規性、後者の要件は創作非容易性と呼ばれている。

　以下、最高裁判例「可撓性ホース事件」（最判昭和49年3月19日裁判所ウェブサイト（昭和45年(行ツ)第45号））について紹介しつつ、新規性と創作非容易性の関係について解説する。なお、事件当時、2項においては「広く知られた」ものであることが要件とされ、類否の基準を定めた24条2項は存在していない。

2 事件の概要

　この事件は、意匠登録第207720号（可撓性ホース）に対する無効審判事件である。審判請求人は、公知意匠として登録第146834号類似第1号の意匠を提出し、本件登録意匠はこの公知意匠に類似する（3条1項3号該当）と主張し、予備的に創作容易である（3条2項該当）と主張した。

　審判においては、類似、創作容易共に否定され、高裁、最高裁においても審決は維持された。高裁においては3条1項3号の「類似」も3条2項の創作非容易性もいずれも「創作性」を要求する規定であると判示したのに対して、最高裁においては3条1項3号における「類似」は需要者の美感に基づき判断すべきものであって、3条2項とは観点が異なるものと判示された。

意匠登録第 207720 号（可撓性ホース）

[正面図]　　　　　　　　　　　　　　　　　[縦断正面図]

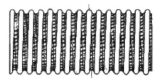

意匠登録第 146834 号類似第 1 号（ビニールホース）

[展開図]

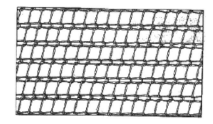

3　高裁の判示（東京高判昭和 45 年 1 月 29 日裁判所ウェブサイト（昭和 41 年（行ケ）第 167 号））

　高裁は以下のように判示した。このうち類否に関する判示は最高裁においても維持されたが、創作非容易性に関する判示中、3 条 1 項 3 号と 3 条 2 項の関係を論じた部分は最高裁において否定された（下線筆者）。

(1) 意匠の類否

　「二個の意匠の類否は、意匠に係る物品の製作方法や内部構造の類否とは無関係に、出願された意匠そのものの外観を全体的に観察し、その意匠的効果、すなわち視覚を通じて美感を起させる態様の類否によつて決すべきである。そこで、本件登録意匠と引用意匠および従来から公知であつたことについて当事者間に争のない螺旋状に隆起筋条の現われた可撓伸縮ホースと対比するのに、当事者間に争のない本件登録意匠および引用意匠の構成によれば、両意匠は、ホースの管肉内に介在させたメリヤス網目模様が表面に透かして見えるという点では共通するが、本件登録意匠には隆起した螺旋状筋条があるのに反し、引

用意匠には全くこれがないこと、また、公知の可撓性伸縮ホースも本件登録意匠もホースに螺旋状に隆起筋条が現われているという点では共通するが、本件登録意匠でホースの管肉内に介在させたメリヤス網目模様が表面に透かして見えるのに反し、公知の可撓性伸縮ホースではこのようなものが見られないことがいずれも明らかである。そして、右の事実に成立に争いのない甲第1号証および第3号証を併せ考えれば、本件登録意匠は、右の隆起した螺旋状筋条が高く浮き出した無地の斜縞をなし，筋条と筋条との間が低く沈んだ網目模様から成る斜縞をなし、両者が長手方向に沿つて交互に現出し、そのコントラスト（対比）とリピート（繰返し）により看者の視覚を通じて美感を与えるものであり、引用意匠および前記の可撓性伸縮ホースのいずれとも全く異なつた意匠的効果を有するものと認めるのが相当である。他に右認定を動かすに足りる証拠はない。したがつて、登録意匠が叙上の二者と類似の意匠であるという原告の主張は採用しがたい。」

(2) 創作非容易性

「意匠は意匠に係る物品について実施されるものであり、物品と一体をなしているものである点で発明、考案と異なるから、意匠法第3条の規定は、これに対応する特許法第29条または実用新案法第3条とはいささか趣を異にし、第1項、第2項ともに意匠の登録要件として出願意匠に創作性（オリジナリティ）があることを要求する規定であると解するのを相当とする。すなわち、意匠法第3条第1項は同一または類似の物品の公知意匠との関係で創作性を欠く意匠、すなわち同一または類似の意匠の登録を防止し、同条第2項は、同一または類似の物品以外の物品と一体をなした周知の意匠あるいは周知の形状、模様もしくは色彩またはこれらの結合との関係で創作性のない意匠、すなわちいわゆる転用意匠（たとえば、米国の自由の女神の像をかたどつたラジオ受信機のごとし。昭和42年7月25日言渡の当庁昭和37年（行ナ）第187号事件判決参照）の登録を防止しようとするものである。したがつて、同一分野の物品（本件登録意匠、引用意匠、前記可撓性伸縮ホースの形状は、いずれもホースという同一分野に属する物品にかかるものである。）の関係において本件登録意匠が登録要件を備えるかどうかを判断するには、もつぱら同条第1項によるべきであつて、同条

第2項の適用はないものと解するのが相当である。そして、本件登録意匠が同条第1項の登録障碍事由に該当するものでないことは先に判示したとおりである以上、同条第2項に該当することを主張してその登録を争う原告の主張は、当裁判所の採用しえないところである。」

4　最高裁の判示（最判昭和49年3月19日裁判所ウェブサイト（昭和45年（行ツ）第45号））

　最高裁は、結論としては審決、高裁判決を支持したが、3条1項3号と3条2項との関係については高裁の解釈を否定して、以下のように判示した（下線筆者）。

　「思うに、意匠は物品と一体をなすものであるから、登録出願前に日本国内若しくは外国において公然知られた意匠又は登録出願前に日本国内若しくは外国において頒布された刊行物に記載された意匠と同一又は類似の意匠であることを理由として、法3条1項により登録を拒絶するためには、まずその意匠にかかる物品が同一又は類似であることを必要とし、更に、意匠自体においても同一又は類似と認められるものでなければならない。しかし、同条2項は、その規定から明らかなとおり、同条1項が具体的な物品と結びついたものとしての意匠の同一又は類似を問題とするのとは観点を異にし、物品との関係を離れた抽象的なモチーフとして日本国内において広く知られた形状、模様若しくは色彩又はこれらの結合を基準として、それから当業者が容易に創作することができた意匠でないことを登録要件としたものであり、そのモチーフの結びつく物品の異同類否はなんら問題とされていない。このことを同条1項3号と同条2項との関係について更にふえんすれば、同条1項3号は、意匠権の効力が、登録意匠に類似する意匠すなわち登録意匠にかかる物品と同一又は類似の物品につき一般需要者に対して登録意匠と類似の美感を生ぜしめる意匠にも、及ぶものとされている（法23条）ところから、右のような物品の意匠について一般需要者の立場からみた美感の類否を問題とするのに対し、3条2項は、物品の同一又は類似という制限をはずし、社会的に広く知られたモチーフを基準として、当業者の立場からみた意匠の着想の新しさないし独創性を問題とするも

のであって、両者は考え方の基礎を異にする規定であると解される。したがって、同一又は類似の物品に関する意匠相互間においても、その意匠的効果の類否による同条1項3号の類似性の判断と、その一方の意匠の形状、模様、色彩等に基づいて当業者が容易に他方の意匠を創作することができたかどうかという同条2項の創作容易性の判断とは必ずしも一致するものではなく、類似意匠であって，しかも同条2項の創作が容易な意匠にも当たると認められる場合があると同時に、意匠的効果が異なるため類似意匠とはいえないが、同条2項の創作容易性は認められるという場合もありうべく、ただ、前者の場合には、同条2項かつこ書により、同条1項3号の規定のみを適用して登録を拒絶すれば足りるものとされているのである。（中略）

してみると、右と異なり、同一又は類似の物品の意匠については同条2項を適用する余地がないとした原審の判断には、同条の解釈を誤った違法があるというべきである。

しかしながら、原審の確定するところによれば、本件登録意匠は、隆起した螺旋状筋条が高く浮き出した無地の斜縞をなし、筋条と筋条との間が低く沈んだ網目模様からなる斜縞をなし、両者が長手方向に沿って交互に現出し、その対比と繰返しにより看者の視覚を通じて美感を与えるもので、引用意匠及び原判示の可撓性伸縮ホースとは全く異なった意匠的効果を有するというのであるから、本件登録意匠は、その着想の点においても、独創性が認められないものではなく、これを右引用意匠等の形状、模様、色彩又はこれらの結合に基づいて当業者が容易に創作することができた意匠であるということはできない。したがって、本件登録意匠が法3条2項に該当するとの上告人の主張は理由がなく、これを排斥した原審の判断は、その結論において正当というべきである。論旨は、結局、採用することができない。」

5　最高裁判決の理解

上記最高裁判決については、最高裁判所判例解説民事篇・昭和49年において以下のように解説されている。

「意匠が権利として独占的保護に値するのは、それが頭脳の創造的活動の所

産としての創作であるがためである。創作でない意匠は保護に値しない。しか
し、この意味の創作性を要件としたところで、具体的にいかなる意匠をもって
創作とみるかということが直ちに明らかになるわけではない。そこで、法は、
その標準を二つに分けて規定した。その一つは、客観的標準ともいうべきもの
で、従来未知のものとして評価される意匠であるかどうかということであり
（3条1項）、他の一つは、主観的標準ともいうべきもので、その創作過程にお
いて独創力を用いた意匠であるかということである（同条2項）。この二つは、
ともに創作性の要件に関するものではあるが、それぞれ異なる観点から右の要
件を具現化したものとみることができるのであり、意匠の類否は前者の範疇に
属する。

　このような見地に立ち、意匠が看者の視覚を通じて美感を起こさせるもので
ある（法2条1項）ことから考えると、同一又は類似の物品の公知意匠と構成
要素において部分的差異があっても、その全体より生ずる美感ないし意匠的効
果の面においてなんら異なるところのない意匠は、本質的に公知意匠に含まれ
るものであり、創作として未知のものと評価するに値しない。法3条1項3号
は、かかる意匠を、公知意匠そのものと同一の意匠に準じ、類似の意匠として
登録しないこととしたものである。（中略）

　本判決が意匠の類似について判示するところは、以上のような趣旨であると
解される。その類否判断の人的基準を『一般需要者』としていることから、前
述の物品混同説と結びつけて判断する向きがあるとすれば、おそらく判決の真
意ではないであろう。」

6　むすび

　最高裁判決のポイントはふたつある。一つは、3条1項により登録を拒絶す
るためには、すなわち、意匠が類似するというためには、意匠にかかる物品が
同一又は類似であることと、意匠自体（形状等）においても同一又は類似であ
ることが必要であるという点であり、もう一つは、同条1項3号は、一般需要
者の立場からみた美感の類否を問題とするのに対し、3条2項は、物品の同一
又は類似という制限をはずし、当業者の立場からみた意匠の着想の新しさない

し独創性を問題とするものであって、両者は考え方の基礎を異にする規定であると解される、という点である。

　最高裁判決の後、下級審では「物品混同説」に立った判決も見られたが、24条2項が規定された後においては、物品の混同を基準とした判決はほとんど見られない。審査基準では、次のように記されている。

　「登録意匠の範囲を規定する意匠法第24条第2項において、『登録意匠とそれ以外の意匠が類似であるか否かの判断は、需要者の視覚を通じて起こさせる美感に基づいて行うものとする。』と規定されていることから、新規性の判断における類否判断の判断主体も、同様に需要者（取引者を含む）とする。また、同規定でいう『需要者』は、取引者を含む概念であることから、ここでは『需要者（取引者を含む）』としており、物品の取引、流通の実態に応じた適切な者とする。

　類否判断は、人間の感覚的な部分によるところが大きいが、その判断を行う際は、創作者の主観的な視点を排し、需要者（取引者を含む）が観察した場合の客観的な印象をもって判断する」（同第Ⅲ部第2章第1節 2.2.1）。

実務のためのひとこと

　「法解釈」に客観的な「正解」はありません。それが法解釈のおもしろさです。そして、産業財産権4法の中で法解釈のおもしろさが最も顕在化しているのが意匠法でしょう。最高裁判例も数えるほどしかありません。そして、上掲判例で意匠の類否判断の要件としてあげられている物品の類似についても、意匠の類否判断の要件としては不要ではないか、という議論があります。

【設題】

　A社は、スナック菓子の新商品のためのパッケージを開発した。開発にあたり、P・Q・R3つのパッケージ案を制作して、2022年10月10日に、街頭でアンケート調査を行った。その後、アンケート結果を参考にして、P案をベースにして最終デザインを決定し、2023年4月にスナック菓子の販売を開始した。

　A社では、現在（2023年7月）、最終デザインに決定したパッケージの意匠登録出願を準備している。

　どのような点に留意する必要があるか。

参照条文

意匠法

第4条　意匠登録を受ける権利を有する者の意に反して第3条第1項第1号又は第2号に該当するに至つた意匠は、その該当するに至つた日から1年以内にその者がした意匠登録出願に係る意匠についての同項及び同条第2項の規定の適用については、同条第1項第1号又は第2号に該当するに至らなかつたものとみなす。

2　意匠登録を受ける権利を有する者の行為に起因して第3条第1項第1号又は第2号に該当するに至つた意匠（発明、実用新案、意匠又は商標に関する公報に掲載されたことにより同項第1号又は第2号に該当するに至つたものを除く。）も、その該当するに至つた日から1年以内にその者がした意匠登録出願に係る意匠についての同項及び同条第2項の規定の適用については、前項と同様とする。

3　前項の規定の適用を受けようとする者は、その旨を記載した書面を意匠登録出願と同時に特許庁長官に提出し、かつ、第3条第1項第1号又は第2号に該当するに至つた意匠が前項の規定の適用を受けることができる意匠であることを証明する書面（次項及び第60条の7において「証明書」という。）を意匠登録出願の日から30日以内に特許庁長官に提出しなければならない。

4　証明書を提出する者がその責めに帰することができない理由により前項に

規定する期間内に証明書を提出することができないときは、同項の規定にかかわらず、その理由がなくなつた日から14日（在外者にあつては、2月）以内でその期間の経過後6月以内にその証明書を特許庁長官に提出することができる。

▶ 検討のポイント

- ☑ 制度趣旨
- ☑ 意に反する公知
- ☑ 自己の行為に起因する公知
- ☑ 証明書の提出

▶ 解説

1 制度趣旨

　意匠は物品等の形状や画像であるから、人の目に触れればすぐに模倣される可能性がある。そのために、権利者の意に反して出願前に公知になる機会が多い。また、製品に採用する意匠を決定する際に、展示、見本の頒布等により需要者調査を行つたり、近年ではクラウドファンディングによつて資金を調達する際に意匠を公表することも増えている。

　これらの行為により新規性は喪失するので、その後の出願は拒絶されることになる。このような扱いをするならば、社会の実情に沿わない結果となり、意匠登録における新規性の要件が産業活動を萎縮させることにもなりかねない。そこで、新規性喪失の例外として、4条1項では意匠登録を受ける権利を有する者の意に反した場合、同2項では意匠登録を受ける権利を有する者の行為に起因する場合の新規性喪失の例外を規定している。いずれも、公知になつた日から1年以内の出願に限られる。

　ちなみに、特許法・実用新案法は、平成23年改正までは自己の行為に起因する公知は試験、学会発表等に限定されていたが、意匠法では上述の意匠特有の事情により現行法制定時から広範な例外が認められていた。

　「その者がした意匠登録出願に係る意匠についての同項及び同条第2項の規定の適用については、同条第1項第1号又は第2号に該当するに至らなかつた

ものとみなす。」とは、「第３条第１項第１号又は第２号に該当するに至つた意匠」は３条１項１号、２号及び２項の審査における先行意匠として扱わない、ということである。本条は自己の意匠との関係における例外規定であり、先後願の例外ではない。

2　意に反する公知（1項）

　「意に反する」とは、意匠登録を受ける権利を有する者が、意匠を秘密にする意思を持ちながらも、公知になった場合をいう。例えば、守秘義務契約を締結して試作品の製造を委託した企業が試作品を公表した場合である。守秘義務のない取引先に意匠を開示し、その取引先が公知にした場合は該当しない。この場合は２項該当性の問題となる。

　１項に該当する場合、意匠登録を受ける権利を有する者がその事実を知らない場合も多いので、２項と異なり証明書の提出等の出願時の手続は要求されない。実務としては、自己の意匠を引用した拒絶理由通知を受けた際に、１項に該当する旨を主張立証することになる。

3　自己の行為に起因する公知（2項）

　意匠登録を受ける権利を有する者の行為でなければならない。創作者Ａが意匠を公知にした後に、意匠登録を受ける権利をＢに譲渡してＢが意匠登録出願をした場合、公知にしたＡは、公知行為をした時点では意匠登録を受ける権利を有する者であるから、主体的要件を満たすことになる。他方、Ａが意匠登録を受ける権利をＢに譲渡した後に、Ａが公知行為をした場合は、主体的要件を満たさない。この場合は１項該当性の問題となる。

　自己の行為に「起因する」であるから、自己の公知行為に起因して第三者が公知にしたものも含まれる。例えば、意匠登録を受ける権利を有する者が見本市に出品した意匠を第三者が模倣して販売した場合や、SNSにアップした意匠を第三者が拡散した場合などである。

　なお、出願も自己の行為であるが、発明、実用新案、意匠又は商標に関する

公報に掲載された意匠は除かれている（2項かっこ書）。

4　証明書の提出

　自己の行為に起因する公知については、その旨を記載した書面を意匠登録出願と同時に特許庁長官に提出し、2項の規定に該当する意匠であることを証明する書面を意匠登録出願の日から30日以内に特許庁長官に提出しなければならない。

　証明は行為ごとにしなければならないとするのが現在の運用であり、出願人の大きな負担になっている。そこで、証明書の負担を軽減する目的で、3項に次の文言を追加する改正法が、令和5年6月14日に公布された。

　「ただし、同一又は類似の意匠について第3条第1項第1号又は第2号に該当するに至る起因となつた意匠登録を受ける権利を有する者の二以上の行為があつたときは、その証明書の提出は、当該二以上の行為のうち、最先の日に行われたものの一の行為についてすれば足りる。」

▶ 設題の検討

1　出願時期

　出願する意匠はP案に類似するものであり、P案は2022年10月10日にアンケート調査によって公知になっている。したがって、出願に際しては4条2項の規定の適用を受ける必要があり、公知になった日から1年以内、2023年10月10日までに出願する必要がある。なお、4条は先後願の例外ではないので、早い出願が望まれる。

2　証明書など

　出願に際しては、出願と同時に4条2項の適用を受ける旨を主張する必要があり、出願から30日以内に証明書を提出しなければならない。

　出願意匠は、公知になった意匠Pに類似するものであるから、意匠Pについ

ての証明書を提出する必要がある。そして、出願意匠が意匠Ｑ、Ｒにも類似する場合は、これらについての証明書も必要になる。その理由は、証明書を提出しない場合、意匠Ｑ、Ｒは公知意匠として扱われ、出願意匠は意匠Ｑ又はＲに類似するものとして拒絶されることになるためである。

　さらに、アンケート調査以外に、意匠Ｐ、Ｑ、Ｒが公知になっていないかどうかの調査も必要である。公知にする行為ごとに証明書が要求される運用において、アンケート調査以外に公知になっている事実があれば、その公知行為により、出願意匠が拒絶される場合があるためである。

実務のためのひとこと

　4条2項は利用度の高い規定ですが、証明書の準備には予想外の期間を必要とする場合があります。証明書の準備期間の目処を立てて出願時期を決定する必要もあります。

Unit **20**

関連意匠

【設題】

　文具メーカー A 社はシャープペンシルの意匠 X を創作し、意匠 X につき、意匠に係る物品をシャープペンシルとして、2023 年 7 月に意匠登録出願を行い、2023 年 12 月に意匠登録された。A 社は、2024 年 1 月に意匠 X の実施品を販売した。

　その後 A 社では、意匠 X をバリエーション展開し、2024 年 10 月以降、意匠 X1、X 2、X 3 を開発し、各意匠をその商品の発売前に順次出願すると共に、クリップ部分の部分意匠 Y も出願した。意匠 X 1、X 2 は意匠 X に類似するものであり、意匠 X 3 は意匠 X 2 に類似するものであった。また、意匠 Y は意匠 X のクリップの形状に類似するものであった。

　意匠 X 1 ないし X 3 及び Y は審査においてどのように扱われるか。

参照条文

意匠法

第10条　意匠登録出願人は、自己の意匠登録出願に係る意匠又は自己の登録意匠のうちから選択した一の意匠（以下「本意匠」という。）に類似する意匠（以下「関連意匠」という。）については、当該関連意匠の意匠登録出願の日（中略）がその本意匠の意匠登録出願の日以後であつて、当該本意匠の意匠登録出願の日から10年を経過する日前である場合に限り、第9条第1項又は第2項の規定にかかわらず、意匠登録を受けることができる。ただし、当該関連意匠の意匠権の設定の登録の際に、その本意匠の意匠権が第44条第4項の規定により消滅しているとき、無効にすべき旨の審決が確定しているとき、又は放棄されているときは、この限りでない。

2　第3条第1項第1号又は第2号に該当するに至つた自己の意匠のうち前項の規定により意匠登録を受けようとする意匠の本意匠と同一又は類似のものは、当該意匠登録を受けようとする意匠についての同条第1項及び第2項の規定の適用については、同条第1項第1号又は第2号に該当するに至らなかつたものとみなす。

3　第1項の規定により意匠登録を受けようとする意匠についての第3条の2ただし書の規定の適用については、同条ただし書中「同条第4項の規定により同条第3項第4号に掲げる事項が掲載されたものを除く。）」とあるのは、「当該先の意匠登録出願について第14条第1項の規定により秘密にすることを請求したときは、第20条第4項の規定により同条第3項第4号に掲げる事項が掲載されたものに限る。）」とする。

4　第1項の規定により意匠登録を受ける関連意匠にのみ類似する意匠については、当該関連意匠を本意匠とみなして、同項の規定により意匠登録を受けることができるものとする。当該意匠登録を受けることができるものとされた関連意匠にのみ類似する意匠及び当該関連意匠に連鎖する段階的な関連意匠にのみ類似する意匠についても、同様とする。

5　前項の場合における第1項の規定の適用については、同項中「当該本意匠」とあるのは、「当該関連意匠に係る最初に選択した一の意匠」とする。

6　本意匠の意匠権について専用実施権が設定されているときは、その本意匠に係る関連意匠については、第1項及び第4項の規定にかかわらず、意匠登録を受けることができない。

7　関連意匠の意匠登録出願があつた場合において、当該意匠登録出願が基礎意匠（当該関連意匠に係る最初に選択した一の意匠をいう。以下同じ。）に係る関連意匠（当該基礎意匠の関連意匠及び当該関連意匠に連鎖する段階的な関連意匠をいう。以下同じ。）にそれぞれ該当する二以上の意匠の意匠登録出願であつたときは、これらの意匠については、第9条第1項又は第2項の規定は、適用しない。

8　前項に規定する場合において、第3条第1項第1号又は第2号に該当するに至つた自己の意匠のうち当該基礎意匠に係る関連意匠（当該関連意匠の意匠登録出願が放棄され、取り下げられ、若しくは却下されたとき、若しくは当該関連意匠の意匠登録出願について拒絶をすべき旨の査定若しくは審決が確定したとき、又は当該関連意匠の意匠権が第44条第4項の規定により消滅したとき、無効にすべき旨の審決が確定したとき、若しくは放棄されたときを除く。）と同一又は類似のものは、第1項の規定により意匠登録を受けようとする意匠についての第3条第1項及び第2項の規定の適用については、同条第1項第1号又は第2号に該当するに至らなかつたものとみなす。

▶ 検討のポイント

☑　関連意匠制度の趣旨
☑　関連意匠として登録される主なパターン
☑　関連意匠として登録されない主なパターン
☑　他の公知意匠との関係

▶ 解説

1　関連意匠制度の趣旨

　関連意匠制度は、平成10年改正において、類似意匠制度に代えて創設されたものである。その目的は、デザイン開発の過程で、一のデザインコンセプトから創作されたバリエーションの意匠について保護し、各々の意匠について権利行使することを可能とすることである。関連意匠として登録を受けることのできる意匠の範囲は、令和元年改正により大幅に拡大された。意匠のブランド資産としての活用に資するためとされている。

　関連意匠として登録を受けることのできる意匠の範囲は、「自己の意匠登録出願に係る意匠又は自己の登録意匠……に類似する意匠……については、……第9条第1項又は第2項の規定にかかわらず、意匠登録を受けることができる。」（10条1項）ことを軸として、詳細に規定されている。「第9条第1項又は第2項の規定にかかわらず」とあるように、関連意匠制度は、先願に関する9条1項、2項の例外である。なお、本意匠の意匠権が存続していること、本意匠の出願から10年経過前の出願であることが要件とされている。

　更に、関連意匠制度は3条1項、2号の例外でもあり、自己の意匠のうち意匠登録を受けようとする意匠の本意匠と同一又は類似のものは、3条1項1号又は2号に該当するに至らなかったものとみなされる（10条2項）。これにより、自己が本意匠に係る商品を販売した後であっても、関連意匠の登録を受けることが可能となる。なお、本意匠が秘密意匠の場合、3条の2のただし書きの適用は秘密公報の発行までである（10条3項）。

　本意匠とは非類似であって、関連意匠にのみ類似する意匠の登録が可能であり、更に、関連意匠の連鎖的な登録も可能とされている（10条4項）。「当該関

連意匠を本意匠とみなして」とあることから、「本意匠」は相対的なものと位置づけられ、一群の関連意匠の基礎となる最初に選択した一の意匠は「基礎意匠」と定義されている（10条7項）。連鎖する関連意匠における10年の起算日は、基礎意匠の出願日である（10条5項）。

　基礎意匠の関連意匠及び当該関連意匠に連鎖する関連意匠が複数出願された場合、9条1項及び2項の規定は適用されず（10条7項）、自己の意匠のうち当該基礎意匠に係る関連意匠と同一又は類似のものは（権利消滅を除く）、3条1項1号又は2号に該当するに至らなかったものとみなされる（10条8項）。

　なお、関連意匠は自己の意匠との関係でのみ9条1項及び2項、並びに3条1項1号、2号の例外である。他人の先願意匠、他人の公知意匠が存在する場合には、他人の意匠によって拒絶されること、そして出願可能な期間は基礎意匠の出願から10年であることに注意が必要である。

　参考までに記すと、改正前の関連意匠は以下の制約があった。
- 連鎖する関連意匠の登録は認められていなかった。
- 本意匠の公報発行の日前の出願に限られていた。
- 3条1項、2項の例外とはなっていなかった。

2　関連意匠として登録される主なパターン

　以下の図において、実線は「類似」、破線は「非類似」を示す。関連意匠として登録されないパターンの図においても同様。

①本意匠が公知になった後に出願された意匠（2項）
　本意匠が公知になった後であっても関連意匠の登録が可能である。

関連意匠の出願前に本意匠公知

② 基礎意匠出願後の連鎖する意匠（4項）

基礎意匠に類似する関連意匠1、関連意匠1に類似する関連意匠2というように、連鎖的に類似する関連意匠の登録が可能である。なお、連鎖的に登録される関連意匠2以降は、基礎意匠に類似する必要はない。

③ 基礎意匠が同じ類似する意匠（7項）

一つの基礎意匠に複数の関連意匠の登録が可能である。そして、各関連意匠（関連1、関連2）には、さらに関連意匠を連鎖的に登録することができる。図において、「関連1、関連1-2」と「関連2、関連2-1」とは、類似であっても非類似であってもよい。

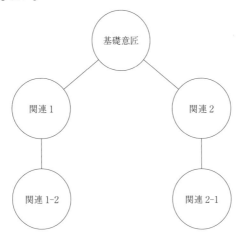

④ 先に登録された複数の関連意匠に類似する意匠（7項）

一つの基礎意匠に複数の関連意匠の登録が可能である。そして、関連意匠（関連1、関連2）の双方に類似し基礎意匠とは非類似の意匠（関連3）の登録も可能である。このとき、関連3は関連1、2の何れを本意匠としてもよい。

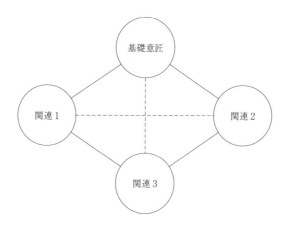

3　関連意匠として登録されない主なパターン

- 基礎意匠が異なる関連意匠に類似する意匠（4項）

　関連意匠として登録が認められるのは、一つの基礎意匠に関連づけられた連鎖する意匠である。基礎意匠が異なる二つの関連意匠の双方に類似する意匠は、関連意匠として登録を受けることができない。図において、出願意匠は、基礎意匠が異なる関連1、関連2の双方に類似するので、4項に該当せず、登録を受けることができない。

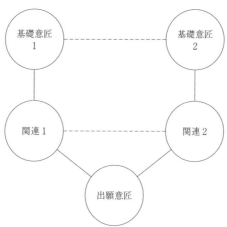

4　他の公知意匠との関係（2項）

① 他の公知意匠が「自己の意匠」であり、本意匠に類似する場合

　2項に該当し、関連意匠として登録が可能である。

② 他の公知意匠が「自己の意匠」であるが、本意匠に類似しない場合

　2項に該当せず、登録を受けることができない。なお、新規性喪失の例外（4条）の適用の余地はある。

③ 他の公知意匠が「他人の意匠」である場合

　2項に該当せず、登録を受けることができない。

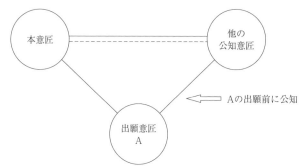

▶ 設題の検討

意匠 X と X1 ないし X3 の関係は以下の通りである。

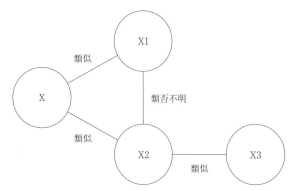

1　意匠 X1、X2 について

　意匠 X1、X2 は意匠 X に類似する意匠であるから、10 条 1 項に該当する。そして、意匠 X1、X2 の出願時には意匠 X の実施品が販売されて公知となっているが、意匠 X の実施品は、10 条 2 項により、公知になっていないものとみなされる。したがって、意匠 X1、X2 は、意匠 X を本意匠とする関連意匠として、意匠登録を受けることができる。

　設題において意匠 X1 と意匠 X2 の類否は不明である。もし両意匠が類似するのであれば、意匠 X2 は意匠 X ではなく、意匠 X1 を本意匠として、関連意匠として登録を受けることも可能である。

2　意匠 X3 について

　意匠 X3 は意匠 X2 に類似する意匠であるから、10 条 1 項および 4 項の規定により、X2 を本意匠とする関連意匠として意匠登録を受けることができる。もし意匠 X3 が意匠 X1 にも類似するのであれば、意匠 X3 は意匠 X2 ではなく、意匠 X1 を本意匠として、関連意匠として登録を受けることも可能である。

3　意匠 Y について

　意匠 Y は意匠 X のクリップの形状に類似するものである。全体意匠と部分意匠の間でも類似する場合があるが、物品「シャープペンシル」において、全体意匠とクリップ部分の意匠とでは位置・大きさ・範囲が著しく異なり、意匠 X と意匠 Y とが類似することは考えられない。したがって、意匠 Y は意匠 X とは非類似の意匠といえる。

　意匠 Y は意匠 X と非類似であるから、10 条 1 項、2 項には該当しない。そして、意匠 Y は意匠 X の実施品によって公知となっている。

　したがって、意匠 Y は 3 条 1 項 3 号に該当するものであり、意匠登録を受けることができない。ただし、4 条の要件を満たす場合は、新規性喪失の例外の適用を受けることにより、登録を受けることが可能である。

実務のためのひとこと

　関連意匠は、基礎意匠の出願の日から 10 年出願することができます。しかし、3 条の適用が除外される意匠は、自己の登録意匠に限られ、他人の意匠は除外されません。連鎖する関連意匠を目指すのであれば、緻密な出願管理が必要になるでしょう。また、権利が消滅した登録意匠は 3 条の適用除外にならないことにも注意が必要です。

9条（先願）と3条の2（準公知）との関係

【設題】

(1) A社は、2023年9月1日に、物品「カメラ」に係る全体意匠（意匠ア）を出願し、3条1項3号に該当するとして拒絶査定を受けて現在審判に係属している。加えて、A社は、2023年12月8日に、「意匠ア」に類似する全体意匠「意匠イ」を出願し、審査に係属している。「意匠ア」と「意匠イ」の関係を検討せよ。

(2) 他方、B社は、物品「カメラ」のレンズ部分を対象とする部分意匠（意匠ウ）を出願した。「意匠ウ」は、「意匠ア」「意匠イ」のレンズ部分の意匠に類似している。

　　「意匠ウ」の出願日が以下の場合について、「意匠ア」「意匠イ」との関係を検討せよ。

① 2023年12月8日

② 2023年12月20日

参照条文

意匠法

第9条　同一又は類似の意匠について異なつた日に二以上の意匠登録出願があつたときは、最先の意匠登録出願人のみがその意匠について意匠登録を受けることができる。

（以下省略）

第3条の2　意匠登録出願に係る意匠が、当該意匠登録出願の日前の他の意匠登録出願であつて当該意匠登録出願後に第20条第3項又は第66条第3項の規定により意匠公報に掲載されたもの（以下この条において「先の意匠登録出願」という。）の願書の記載及び願書に添付した図面、写真、ひな形又は見本に現された意匠の一部と同一又は類似であるときは、その意匠については、前条第1項の規定にかかわらず、意匠登録を受けることができない。ただし、当該意匠登録出願の出願人と先の意匠登録出願の出願人とが同一の者であつて、第20条第3項の規定により先の意匠登録出願が掲載された意匠

公報（同条第4項の規定により同条第3項第4号に掲げる事項が掲載された
ものを除く。）の発行の日前に当該意匠登録出願があつたときは、この限り
でない。

▶ 検討のポイント

☑　意匠法9条
- 趣旨
- 先願の地位

☑　意匠法3条の2
- 趣旨
- 先願となる意匠登録出願
- 先願の意匠と後願の意匠

▶ 解説

　意匠法3条の2は、平成10年改正における部分意匠の導入に伴い新設され
たものである。意匠法9条は、ダブルパテント排除のために先後願関係を規定
するものであり、3条などの登録要件を具備した出願に対して適用されるもの
である。3条の2は、3条と同様、新規性に関するものであって、9条と3条
の2とは登録要件としての位置づけは異なる。しかしながら、両者は補完関係
にもあるので、まとめて解説する。

1　意匠法9条

(1) 趣旨

　意匠法9条は、ダブルパテントを排除する手法としての「先願主義」を宣言
したものであり、同一又は類似の意匠について異なった日に二以上の意匠登録
出願があったときは、最先の意匠登録出願人のみがその意匠について意匠登録
を受けることができる（1項）。他の登録要件を備えた意匠であっても、最先の
出願でなければ登録を受けることはできない。

　同一出願人にも適用されるが、一定の条件の下で、関連意匠（10条）として
登録を受けることができる。

(2) 先願の地位

　ダブルパテントを排除することが目的であるから、同一又は類似の意匠同士でのみ適用される。そして、<u>意匠登録出願が放棄され、取り下げられ、若しくは却下されたとき、又は意匠登録出願について拒絶をすべき旨の査定若しくは審決が確定したとき、</u>すなわち、意匠権の設定登録がされない出願は、ダブルパテントは発生しないので調整不要であるから、先願の地位を失う（9条3項）。

　同日出願の場合は、協議により定めた一の出願人のみが意匠登録を受けることができる。同日の出願が競合した場合は、意匠登録出願人の協議により定めた一の意匠登録出願人のみがその意匠について意匠登録を受けることができ、協議が成立しない場合は、何れの出願人も、その意匠について意匠登録を受けることができないこととされている（9条2項）。ここで、これらの出願の先願の地位が失われることとすると、後から同じ意匠の登録を受けることが可能となる。そのようなことを排除するために、協議が成立しなかった意匠には先願の地位が残され、意匠公報に掲載される（66条3項）。

　以上をまとめると、先願の地位を有する出願は次の二つである。

- 設定登録された意匠登録出願
- 協議不成立により拒絶が確定した意匠登録出願

(3) その他

　先願が拒絶された後、それに類似する意匠が出願された場合、拒絶が確定した先願には先願の地位がないので、後願の意匠が登録されることがあり得る。この場合に、先願の出願人による拒絶された意匠の実施が、後願の意匠権により制約を受けることになる。

　そこで、先出願による通常実施権（29条の2）を設けて、侵害となることが回避されている（Unit 33 参照）。

　平成24年改正前までは、冒認出願には先願の地位が認められていなかった。平成24年改正により、真の権利者の保護を強化するために、真の権利者が冒認出願の意匠権を取り戻す移転請求権（26条の2第1項）を創設したことに合わせて、冒認出願にも先願の地位が認められることとなった。

2　意匠法3条の2

(1)　趣旨

　本条は、「前条第1項の規定にかかわらず」とあることから明らかなとおり、新規性に関する規定である。そこで「準公知」と呼ばれている。先願意匠が意匠公報に発行された後に出願された後願は、3条1項2号又は3号が適用されて拒絶される。本条により、先願意匠の公報発行前の出願であっても、先願意匠の一部と同一又は類似の後願意匠は意匠登録を受けることができない。平成10年改正による部分意匠制度の導入に伴い新設された。

(2)　先願となる意匠登録出願

　「当該意匠登録出願の日前の他の意匠登録出願」との関係で適用され、同日出願は対象とならない。同日出願であれば、二つの出願の価値に差異はないからである。「他の意匠登録出願」には、同一出願人の出願も含まれるが、意匠公報発行日前（秘密意匠の場合は書誌事項のみが記載された公報の発行前）の出願であれば適用されない（3条の2ただし書き）。特許法とは異なり意匠法には出願公開がないので、意匠公報が発行される意匠出願は、登録された意匠、及び協議不成立の意匠である。

(3)　先願の意匠と後願の意匠

　本条は、後願の意匠が、先願の意匠の「願書の記載及び願書に添付した図面、写真、ひな形又は見本に現された意匠の一部と同一又は類似であるとき」に適用される。「願書の記載」とは、「意匠に係る物品」「意匠に係る物品の説明」「意匠の説明」に記載された事項である。

　参考図の中に記載されている、先願に係る意匠として開示された意匠以外のものは、基礎となる資料とはされない（審査基準第Ⅲ部第4章3）。

　後願の意匠が、先願の意匠の一部である場合に適用される。したがって、主な適用の場面は、先願意匠が全体意匠であり後願意匠が部分意匠である場合、部分意匠同士であるが先願意匠の一部に後願意匠が現されている場合、先願が組物又は内装の意匠であり後願が組物又は内装の意匠を構成する物品等の意匠

である場合、先願が完成品であり後願が部品である場合などである。

▶ 設題の検討

1　設題(1)について

(1) 適用条文

意匠ア、意匠イは共にカメラの全体意匠であるから、適用条文は9条である。

(2) 先願の地位

意匠アは拒絶査定を受けて審判に係属中であるが、審判において登録が認められ、意匠権が設定登録をされた場合は先願の地位を有するが、審判において登録が認められない場合など、設定登録に至らない場合は先願の地位を失う。

(3) 意匠アと意匠イとの関係

① 意匠アに先願の地位がある場合

意匠イは意匠アに類似しているので、意匠イは9条1項における後願の意匠に該当する。

他方、意匠法は、同一人に類似する意匠の登録を認める関連意匠制度（10条）を用意している。そこで、Aは、意匠イを意匠アを本意匠とする関連意匠に変更することにより、意匠ア、意匠イともに意匠登録を受けることができる。

② 意匠アに先願の地位がない場合

意匠イは9条における意匠アの後願とはならず、他の登録要件を満たすならば、意匠登録を受けることができる。

2　設題(2)について

(1) 適用条文

意匠ア、意匠イはカメラの全体意匠、意匠ウはレンズ部分の意匠であるから、意匠ウは先願の意匠の一部に該当し、適用条文は3条の2である。

(2) 公報掲載

　3条の2は、先願の意匠が公報に掲載されることが適用の要件である。したがって、意匠ア、意匠イが共に拒絶されて設定登録されなければ、公報に掲載されないので、意匠ウに3条の2が適用されることはない。

(3) 出願日の関係

　意匠ウの出願日が2023年12月8日の場合、意匠アは意匠ウの出願の日前の他の意匠登録出願に該当するが、意匠ウと意匠イとは同日の出願であるから、意匠ウは、意匠イとの関係で3条の2が適用されることはない。

　意匠ウの出願日が2023年12月20日の場合、意匠ア、意匠イともに意匠ウの出願の日前の他の意匠登録出願に該当する。

(4) 適用関係

　意匠ウの出願日が2023年12月8日の場合、意匠アが登録されて公報に掲載された場合は、3条の2により意匠ウは拒絶される。しかし、意匠アが拒絶された場合は、意匠イが登録されたとしても、3条の2の適用はない。

　意匠ウの出願日が2023年12月20日の場合、意匠ア、意匠イのいずれかが登録されて公報に掲載されれば、3条の2により意匠ウは拒絶される。他方、意匠ア、意匠イの何れもが拒絶された場合は、3条の2の適用はない。

実務のためのひとこと

　9条、3条の2による拒絶は、出願前の調査では予測できません。3条の2であれば、拒絶された後願の意匠は先願の意匠の一部ですから、意匠は非類似であり、侵害の問題は生じにくいといえます。しかし、9条により拒絶される後願の意匠は登録された先願の意匠に類似するのであり、侵害の問題に直結します。先出願による通常実施権（29条の2）を主張するための資料を保管することが必要となるでしょう。

Unit 22

意匠登録を受けることのできない意匠

【設題】

　以下に掲げる意匠は、意匠法5条各号の規定に該当するか。

(1) 物品「包装用箱」に係り、新規性のある全体形状とし、正面に外国の国旗を
モチーフとした模様を大きく現し、その他の部分は単一色とした意匠。

(2) 物品「ハンドバック」に係り、止め具の形状を著名なハンドバッグメーカー
のロゴデザインを立体化したものとした意匠。

(3) 物品「パラボラアンテナ」に係り、コンバーターなど、「反射板」以外の構
成を含めた意匠。

参照条文

意匠法

第5条　次に掲げる意匠については、第3条の規定にかかわらず、意匠登録を
受けることができない。

一　公の秩序又は善良の風俗を害するおそれがある意匠

二　他人の業務に係る物品、建築物又は画像と混同を生ずるおそれがある意
匠

三　物品の機能を確保するために不可欠な形状若しくは建築物の用途にとつ
て不可欠な形状のみからなる意匠又は画像の用途にとつて不可欠な表示の
みからなる意匠

▶ 検討のポイント

☑　趣旨

☑　公序良俗等を害するおそれがある意匠とは

☑　他人の業務に係る物品等と混同を生ずるおそれがある意匠とは

☑　機能等に不可欠な形状とは

▶ 解説

1　趣旨

　意匠法5条は、3条の規定に該当しない意匠、すなわち、工業上利用性、新規性、創作非容易性の要件を備えた意匠であっても、公序良俗に反する意匠、産業の発達を阻害するおそれのある意匠の登録を排除するものである。

　すなわち、本条は創作の価値の観点からその登録を拒絶する3条1項各号や3条2項とはその趣旨が全く異なるのであって、意匠保護の本質に根ざした拒絶理由ではない。そうであるから、「第3条の規定にかかわらず」と規定されている。「かかわらず」の文言によって、両者の趣旨の違いが明らかにされていると考えられる。

　審査に際してはいずれを優先適用しなければならないということではないと考えられる。高田『意匠』では、オリンピックマークを例にとり「（筆者注：本条と3条2項との）何れかを適用してはいけないということもないと思われるが、どちらかといえば本号の規定を適用する方が妥当であると思われる。」（同247頁）とされている。

2　1号（公序良俗等を害するおそれがある意匠）

　1号は公序良俗を害するおそれのある意匠の登録を排除する旨を規定している。公序良俗を害するおそれのある創作に国家が権利を付与して保護することは妥当でない。特許法（32条）、実用新案法（4条）にも同趣旨の規定がある。また、商標法（4条1項7号）も公序良俗を害するおそれのある商標の登録を拒絶するものとしている。

　「公の秩序を害するおそれがある意匠」として、審査基準には「日本若しくは外国の元首の像又は国旗を表した意匠、わが国の皇室の菊花紋章や外国の王室の紋章（類似するものを含む。）等を表した意匠」が例示されている（同第Ⅲ部第6章 3.1）。上記の他、高田『意匠』では、オリンピックマーク、赤十字マーク、地方公共団体のマークなどの公共的マークを表した意匠が本号に該当するものとされている（同247-250頁）。

　これらの意匠は、国や皇室又は王室に対する尊厳を害するおそれがあり、公の秩序を害するおそれがあると認められるという理由である。ただし、運動会風景中の万国旗等が表された意匠のように公の秩序を害するおそれがないと認められる場合は含まれない（審査基準第Ⅲ部第6章3.1）。

　「善良の風俗を害するおそれがある意匠」として、審査基準には「健全な心身を有する人の道徳観を不当に刺激し、しゅう恥、嫌悪の念を起こさせる意匠、例えば、わいせつ物を表した意匠等」が例示されている（同第Ⅲ部第6章3.2）。意匠が「物品」に係るものであることから、「紙幣偽造機」のように「意匠に係る物品」それ自体が善良の風俗に反する場合もあり得よう。

3　2号（他人の業務に係る物品等と混同を生ずるおそれがある意匠）

　意匠がその形状等に起因して、市場において他人の業務に係る物品と混同を生ずるおそれがある場合、そのような意匠は流通秩序を害するおそれがあるので、登録して保護することは妥当でない。

　審査基準には「他人の周知・著名な商標や、これとまぎらわしい標章を表した意匠」が例示されている（同第Ⅲ部第6章3.3）。周知・著名な商標は、登録・未登録を問わず、立体商標や位置商標も含まれる。

　なお、審査基準には示されていないが、他人の標章との関係において「混同」を認定するためには他人の標章が使用されている商品・役務の分野と意匠に係る物品との関係が考慮されなければならないはずである。

4　3号（機能等を確保するために不可欠な形状のみからなる意匠）

　平成10年改正で部分意匠制度が導入されたことに伴い新設された規定であり、意匠権による技術の独占を回避することを目的としている。

　意匠の創作（デザイン）は物品等の使用価値を高めることを大きな目的として行われる行為であるから、機能を得るための形状の創作も意匠の創作に含まれる。ところで、意匠法は物品等の美的外観を保護するものであり、技術の保護は特許法・実用新案法に委ねられている。したがって、本来特許法などで、

技術的観点に基づく登録要件を満たしたもののみが保護されるべき技術に関し、意匠法により独占権が付与されることは産業財産権法体系の予定するところではない。

　ところで、全体意匠であれば、意匠の構成要素として機能を得るための形状が含まれていても、同一の形状を採用しつつも全体として非類似の意匠として構成することが可能な場合が多いであろう。しかしながら、部分意匠においては機能を得るための形状のみを対象として意匠登録を受けることができる。その場合、当該形状を採用する限り、意匠権侵害となるおそれが高い。そして、当該形状を採用しなければ当該機能を得ることができない場合、結果として意匠権によって技術を保護することとなり妥当でない。

　そこで、部分意匠の導入とリンクして本号が追加されたのである。

　令和元年改正で追加された「建築物の用途にとつて不可欠な形状のみからなる意匠又は画像の用途にとつて不可欠な表示のみからなる意匠」も同じ趣旨である。

　「物品の機能」「建築物・画像の用途」とは、その物品等が発揮する技術的な作用、効果をいい、美的効果のように心理的・視覚的効果は含まない。

　「不可欠な形状のみからなる意匠」とは、その意匠の形状が、専ら必然的形状だけで構成されているものをいう。

　そして、審査基準において、

（1）物品の機能を確保するため又は建築物の用途により必然的に定まる形状のみからなる意匠（例えば、「パラボラアンテナ」の内面側部分、「ガスタンク」の球形状の本体部分）

（2）物品の互換性確保等のため又は建築物の用途等に照らして標準化された規格により定まる形状（準必然的形状）からなる意匠

が掲げられ、(1)の判断に際しては、

(イ)その物品の機能又は建築物の用途を確保できる代替可能な形状が他に存在するか否か。

(ロ)必然的形状等以外の意匠評価上考慮すべき形状を含むか否か。

を考慮するものとされている（同第Ⅲ部第6章3.4）。

　本号の適用は厳格に考えられている。

▶ 設題の検討

1　設題(1)について

　本条においては、包装用箱の正面に表された「外国の国旗をモチーフにした模様」が独立して判断の対象となり、全体形状に新規性があることにより本号の適用を免れることはできない。意匠創作の価値とは異なる観点からの登録要件だからである。

　そこで、「外国の国旗をモチーフとした模様」自体が、国の尊厳を害するものであるか否かにより1号適用の有無が異なることとなる。

　① 当該模様が外国の国旗ほとんどそのままである場合。本件意匠の看者はその模様から「外国の国旗」であると認識することが予想される。したがって、外国の国旗が表されている場合と同様、本号に該当することとなろう。

　② 当該模様が外国の国旗をモチーフとし、大きくデフォルメされている場合。例えば「星条旗」は国旗として顕著性が高い構成であり（縞模様と星の表された区画の組合せ）、「縞模様と星の区画」という基本的構成が維持されている限りデフォルメされても「星条旗」と認識されやすい。他方、星や月をモチーフとした国旗は多数の国で採用されており、わずかな改変によりいずれの国の国旗とも認識されないものとなろう。

　このようにモチーフとする国旗の種類により「デフォルメ」による本号該当性は異なるものと思われる。

2　設題(2)について

　物品「ハンドバック」の分野において、自社のロゴデザインを留め具の形状として立体化して採用することは普通に行われている。そうすると、本件意匠の留め具の形状に接した看者は、これを本件物品の出所を表示するものと認識する可能性が高いと考えられる。そして、留め具の形状が著名なハンドバックメーカーのロゴデザインを単に立体化したにすぎないものである場合、その物品の出所が著名なハンドバッグメーカーであると誤認するおそれが高いと言うことができる。

　したがって、本件ハンドバックの意匠は本号に該当することとなる。

　なお、再三述べるように、本号は創作性とは切り離した評価を行う規定であるから、もし留め具の形状が著名なロゴデザインを変形しているものであって、その変形に創作的価値が認められるとしても、留め具の形状から著名なロゴデザインが直感し得るものであれば、未だ2号に該当することとなるだろう。

3　設題(3)について

　3号は、意匠権による機能（技術）の独占を回避するための規定である。

　パラボラアンテナにおいては、反射鏡の内面形状は、機能を確保するために不可欠な形状である。

　コンバーターなど、反射板以外の構成部分は、その形状が機能面から一つに特定されることはない。形状を自由に変更することができる。したがって、意匠権による技術の独占が生じることはない。

　したがって、物品「パラボラアンテナ」に係り、コンバーターなど、「反射板」以外の構成を含めた意匠は、3号に該当しない。例えば以下の登録例がある。

【登録番号】意匠登録第 1545631 号
【意匠に係る物品】衛星受信用パラボラアンテナ

 実務のためのひとこと

　意匠に馴染みのない方から、「機能的なので意匠登録はできないだろう」というお話しを受けます。それは杞憂です。機能的形態であることを理由に拒絶された例はほとんどないであろうと思います。

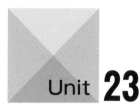

Unit 23

意匠登録出願の分割

【設題】

　以下の分割出願は意匠法10条の2の規定を満たす適法な手続として認められるか。いずれも時期的要件は満たしているものとする。

(1) 「ボールペン」に係る意匠登録出願において、図面に軸の色彩が「赤の意匠」と「黒の意匠」が現されていたとき、赤の意匠を分割する手続。

(2) ボールペン・シャープペンシル・万年筆で構成された「一組の事務用品セット」の意匠登録出願において、ボールペンの意匠を分割する手続。

(3) 「ボールペン」に係る意匠登録出願において、クリップ部分の意匠を分割する手続。

参照条文

意匠法

第10条の2　意匠登録出願人は、意匠登録出願が審査、審判又は再審に係属している場合に限り、二以上の意匠を包含する意匠登録出願の一部を一又は二以上の新たな意匠登録出願とすることができる。

（以下省略）

▶ **検討のポイント**

☑　10条の2の制度趣旨

☑　二以上の意匠を包含するとは

☑　組物・内装の意匠の単一性

☑　全体意匠は部分意匠を「包含」するか

▶ **解説**

1　10条の2の制度趣旨

　意匠法10条の2は、意匠登録出願人は、意匠登録出願が審査、審判又は再

審に係属している場合に限り、二以上の意匠を包含する意匠登録出願の一部を一又は二以上の新たな意匠登録出願とすることができ（1項）、その新たな意匠登録出願は、もとの意匠登録出願の時にしたものとみなされる（2項）旨を規定している。

　一意匠一出願（7条）の規定に違背した出願を救済することを趣旨とするものである。

　なお、本条は特許法44条と同趣旨の規定であるが、特許法においては、もとの出願の特許請求の範囲に記載されていなくとも、明細書又は図面に記載された発明は分割出願をすることが認められ（最判昭和55年12月18日裁判所ウェブサイト（昭和53年(行ツ)第101号）、最判昭和56年3月13日裁判所ウェブサイト（昭和53年(行ツ)第140号））、手続違反の救済という意味合いは薄れ、分割出願制度は、もとの出願日を確保しつつ明細書に開示された発明に基づく新たな権利を請求する制度として機能している。

2　二以上の意匠を包含するとは

　意匠登録出願の客体は、願書の記載及び願書に添付された図面によって特定される（6条、24条）。したがって、「二以上の意匠を包含する」とは願書及び図面で二以上の意匠が特定されていることをいう。

　願書に複数の「意匠に係る物品」が記載されていたり、図面に複数の形態が記載されている場合、二以上の意匠が特定されており、一意匠一出願の規定に違背することとなる。したがって、このような出願は7条違背として拒絶されることとなるから、分割を認めて救済する必要がある。

3　組物・内装の意匠

　組物とは、同時に使用される二以上の物品であって経済産業省令で定めるものをいい、組物を構成する意匠は組物全体として統一があるときは、一意匠として出願をし、意匠登録を受けることができる（8条）。

　内装とは、店舗、事務所その他の施設の内部の設備及び装飾をいい、内装を

構成する物品、建築物又は画像に係る意匠は、内装全体として統一的な美感を起こさせるときは、一意匠として出願をし、意匠登録を受けることができる（8条の2）。

意匠法8条及び8条の2の要件を満たす意匠は、全体として一つの意匠として把握され、新規性、創作非容易性、先後願などの判断においても、個別構成物品等の意匠を対象とすることなく、組物・内装全体としてのみ判断される。

したがって、組物・内装の意匠であって全体として統一があるものは、意匠法7条に規定する一意匠一出願の要件を満たすものであり、意匠法10条の2を7条違背の救済規定とのみ位置づけるならば、このような意匠についての分割出願を認める必要性を欠くこととなる。このような考えにより、平成10年改正における8条の改正と共に、組物の意匠の分割を規定した11条は削除されている。

なお、平成10年改正以前は、8条2項において「その組物を構成する物品の意匠が第3条、第5条及び次条第1項又は第2項の規定により意匠登録を受けることができる場合に限り、意匠登録を受けることができる。」と規定され、構成物品個々の意匠が新規性などを備えることが要求されていた。これを受けて、11条で組物を構成物品毎の意匠に分割することが認められていた。

他方、組物・内装の意匠として出願されているが経済産業省令で定める物品の区分に該当しない場合、構成物品が適当でない場合、組物全体として統一がないときは、意匠法8条の要件を具備せず、拒絶されることとなる。審査基準では8条により拒絶するものとされているが、実質的には8条違背は同時に7条違背ということができる。したがって、このような出願は分割を認めて救済する必要がある。

4　全体意匠は部分意匠を「包含」するか

部分意匠制度が導入されるまで、意匠は物品全体の形状等であった。しかし、部分意匠制度の導入により、物品等の一部も意匠と認められることとなった。物品全体の中に、複数の部分意匠が存在することになる。それでは、全体意匠の出願から、その一部を取り出して、部分意匠として分割することができるで

あろうか。

　意匠は物品の形態であるから、願書に記載された「意匠に係る物品」が一つで、図面に記載された形態が一つであれば、全体として一つの意匠であり、一意匠に係る出願と認められ、意匠法７条の要件を満たすこととなる。したがって、意匠法10条の２を７条違背の救済規定とのみ位置づけるならば、完成品の意匠の「部分」や「部品」のような意匠についての分割出願を認める必要性を欠くこととなる。

　組物の要件を満たした組物の意匠を、その構成物品等の意匠に分割することができないことと同様、審査基準では、全体意匠から部分意匠を分割することはできないものとされ、判決も否定的である（「額縁事件」東京高判平成１年４月27日判時1324号135頁、最判平成３年９月26日判例集未登載（平成１年（行ツ）第82号））。

　なお、「参考図」に現された意匠も、意匠登録を受けようとする意匠ではないとして、その分割は否定されている（「ピアノ補助ペダル事件」知財高判平成18年８月24日裁判所ウェブサイト（平成18年（行ケ）第10136号））。

　分割の適否を考える際に、出願の要旨を変更するものであるかどうか、という検討も必要である。特許においては、明細書記載事項を請求項に取り込むことは許容されているので、意匠と特許とは前提が違うということができる。

　審査基準は、分割による新たな意匠登録出願が、もとの意匠登録出願の最初の願書の記載及び願書に添付した図面等により表された意匠の範囲外のものを要旨とするとき、つまり、新たな意匠登録出願に表された意匠がもとの意匠登録出願に包含されていた二以上の意匠のいずれからみても要旨を変更するものである場合は、分割が認められないものとしている（同第Ⅷ部第１章３）。

▶ 設題の検討

1　設題(1)について

　設題(1)は、「ボールペン」に係る意匠登録出願において、図面にボールペンの軸の色彩が「赤の意匠」と「黒の意匠」が現されていたとき、赤の意匠を分割する手続である。

色彩は意匠の構成要素であるから、軸が赤いボールペンと黒いボールペンとは異なる意匠である。したがって、この意匠登録出願は二つの意匠を包含するものであって、意匠法7条に違背する。

よって、この出願から軸の赤いボールペンの意匠を分割することができる。なお、分割と併せて、もとの意匠出願の7条違背を解消するために、もとの意匠登録出願から軸の赤いボールペンを削除する補正をする必要がある。

2　設題(2)について

設題(2)は、ボールペン・シャープペンシル・万年筆で構成された「一組の事務用品セット」の意匠登録出願において、ボールペンの意匠を分割する手続である。

「一組のボールペン・シャープペンシル・万年筆」は経済産業省令で定められた組物であり、図面にもこれら三つの物品の意匠が現されているのであるから、「組物全体として統一があるとき」の要件を満たしている限り、意匠法8条の要件を満たした出願であり、出願人の救済という観点からは、分割を認める必要性に欠けることとなる。そして、審査基準によればこの分割は認められない。

他方「組物全体として統一があるとき」の要件を満たしていない場合は、意匠法8条の規定を満たさないものとして拒絶される。したがって、分割を認める必要性がある。そして、審査基準においてもこの分割は認められている。

3　設題(3)について

設題(3)は、「ボールペン」に係る意匠登録出願において、クリップ部分の意匠を分割する手続である。

「ボールペン」は独立した物品であり、意匠法7条の要件を満たした出願である。したがって、出願人の救済という観点からは、分割を認める必要性に欠けることとなる。審査基準は、このような分割を認めていない。

他方、全体意匠の中には複数の部分意匠が包含されている、言い換えると全

体意匠は部分意匠の集合体であるという見方もありえる。この立場からは、全体意匠は複数の部分意匠を包含する意匠であるから、分割出願が可能であるということになる。

　しかし、全体意匠に係る出願を、図面に表された部分を対象とする部分意匠に変更する補正は要旨変更とされる。要旨変更を許容しない、という観点からもこの分割は認められないこととなる。

● **参考判決例** ●

- •「額縁事件」（東京高判平成 1 年 4 月 27 日判時 1324 号 135 頁、最判平成 3 年 9 月 26 日判例集未登載（平成 1 年（行ツ）第 82 号））

　この事案は、意匠に係る物品を「額縁」として出願し、この出願から部品である「（額縁の）枠材」に係る意匠を分割した手続に関するものである。高裁は以下のように判示して適法な分割出願には当たらないと判断し、最高裁でも支持されている。

「（1）意匠法 10 条の 2 第 1 項の規定は、一つの意匠登録出願に二以上の意匠が包含される場合、その意匠登録出願の一部を一又は二以上の新たな意匠登録出願とすることができる旨定めているが、右の『二以上の意匠が包含される場合』とは、具体的には、願書に記載された意匠に係る物品に二以上の物品が指定されている場合及び添付図面に記載されてた意匠が二以上の意匠を構成する場合のいずれか又はその双方に該当する場合を指すものと解されるところ、件外原出願についてみるに、前記争いのない事実及び《証拠略》によれば、同出願の願書には、意匠に係る物品を前示のとおり『額縁』と指定して記載されており、これは、通商産業省令にいう物品の区分に従った一つの物品に係るものであるし（意匠法施行規則 5 条別表第一の十「屋内または屋外の装置品」のうち物品の区分「額縁」）、また、添附図面に記載された意匠は別紙二（2）のとおりの構成態様のもので、これによれば、物品的にも一個の『額縁』が記載されているのみであり、また意匠としても一つの『額縁』の意匠が記載されているのみであって、それ以外の意匠を含むものでないことは明らかであるから、右規定にいう一つの意匠登録出願に二以上の意匠が包含される場合には該当せず、したがって、右規定に基づき、これを分割して新たな意匠登録出願とすることは

できないものというべきである。」

・「ピアノ補助ペダル事件」（知財高判平成 18 年 8 月 24 日裁判所ウェブサイト（平成 18 年（行ケ）第 10136 号））

「本願意匠は、原出願の参考図に示されていたものであるが、参考図において、仮に、意匠登録を受けようとする意匠以外の意匠が示されたとしても、それは飽くまで意匠登録を受けようとする意匠の理解を助ける目的で、当該意匠とは別の、意匠登録を受けようとしない意匠として示されているものであり、その意匠は、必ずしも、意匠登録を受けようとする意匠のように所定の様式に従って厳密に記載された図面によって示されているものではなく、意匠登録を受けるため、意匠に係る物品を明らかにしているわけでもないから、この意匠を意匠制度の下で保護することが予定されているということはできない。

　また、様式の制限や意匠に係る物品欄の記載に掲げられた物品と関係がなく、単なる参考のために記載された図面中の意匠について、出願日遡及効（意匠法 10 条の 2 第 2 項）を有する分割出願を認めることは、意匠登録を受けようとする意匠について、意匠に係る物品を明らかにして、所定の図面により意匠を示して出願した場合に、一定の要件の下に登録して排他的、独占的な保護を与えるという意匠制度の趣旨に反するものであるだけでなく、不当に出願日遡及効が認められる範囲を広げ、第三者及び公益を不当に害するものとなる。

　したがって、このような意匠制度の趣旨等に照らすと、意匠登録出願の願書の図面において意匠登録を受けようとしない何らかの意匠が示されていても、当該意匠登録を受けようとしない意匠について、分割出願を認め、もとの出願時までの遡及効を認めることは許されないところであって、意匠法 10 条の 2 第 1 項の『二以上の意匠を包含する意匠登録出願』にいう『意匠』は、参考図等において意匠登録を受けようとしない意匠として示された意匠を含まず、もとの出願において意匠登録を受けようとする意匠のみを意味すると解するのが相当である。

　なお、意匠法においては、要旨の変更となる補正は許されないことが明確に規定され（17 条の 2 第 1 項、9 条の 2）、意匠登録を受けようとする意匠として願書に添付した図面で示された意匠について、その要旨を変更する補正が許さ

れないところ、分割出願には、出願日遡及効が認められている（10条の2第2項）のであるから、原出願について補正のできる範囲内で行うことができるのでなければ、本来許されない補正が、分割出願の方法を用いることによって実質的に可能になるという、不当な結果を招く。そして、願書に添付した図面中の参考図等において、意匠登録を受けようとする意匠以外の意匠が示されることはあり得るのであるが、当該意匠は、意匠登録を受けようとする意匠と要旨を異にする意匠であり、そのような意匠を意匠登録を受けようとする意匠とする補正が許されないことは明らかであって、補正が許されないことが法規上、明確な意匠について、分割の方法により、実質的に補正を行うことが不当であることは、上記のとおりである。」

実務のためのひとこと

　「分割」の許容範囲は、分割を「救済手段」と位置づけるのか、「創作の保護手段」と位置づけるのかという点と、「出願された意匠」をどのように捉えるのか、という二つの観点から考える必要があります。米国の意匠保護は特許法に含まれていることから、分割が広く許容されているようです。

出願変更

【設題】
(1) Aは、自動車のナビゲーションシステムについて特許出願をしており、その出願において、画面に表示される情報を選択する画像（アイコン）の図面が添付されている。Aは、特許と共に、その画像についての意匠登録を検討している。Aはどのような手続を取るとよいか検討せよ。
(2) Aは、設題(1)の画像（アイコン）について、「自動車用ナビゲーション装置」を指定商品として商標登録出願をしている。商標登録出願の日は特許出願の日よりも前なので、商標登録出願を基礎として意匠登録出願をしたいと考えている。出願の変更は認められるか。

参照条文

意匠法

第13条　特許出願人は、その特許出願を意匠登録出願に変更することができる。ただし、その特許出願について拒絶をすべき旨の最初の査定の謄本の送達があつた日から3月を経過した後は、この限りでない。

2　実用新案登録出願人は、その実用新案登録出願を意匠登録出願に変更することができる。

3　第1項ただし書に規定する期間は、特許法第4条の規定により同法第121条第1項に規定する期間が延長されたときは、その延長された期間を限り、延長されたものとみなす。

4　第1項又は第2項の規定による出願の変更があつたときは、もとの出願は、取り下げたものとみなす。

5　特許出願人は、その特許出願について仮専用実施権を有する者があるときは、その承諾を得た場合に限り、第一項の規定による出願の変更をすることができる。

6　第10条の2第2項及び第3項の規定は、第1項又は第2項の規定による出願の変更の場合に準用する。

▶ 検討のポイント

☑ 出願変更
☑ 発明・考案と意匠
☑ 商標と意匠
☑ アイコンの商標と意匠

▶ 解説

1 出願変更

　意匠登録出願の変更制度（13条）は、出願人が出願形式の選択を誤ったり、また、例えば、ある新しい形状の発明をし、それが技術的に効果があるものと考えて特許出願をしたところ拒絶されたので、その形状の美的な面について意匠登録を受けようとする場合等において、出願人の救済を図ったものである。

　そして、出願変更された新たな意匠登録出願は、13条6項で準用する10条の2第2項の規定により、もとの出願の時にしたものとみなされる。

　したがって、もとの出願と新たな意匠登録出願とは、同一性がなければならない。

2 発明・考案と意匠

　特許出願の対象である発明、実用新案登録出願の対象である考案は、共に技術的思想の創作である（特許法2条1項、実用新案法2条1項）。意匠登録出願の対象である意匠は、物品等の形状等であり（意匠法2条1項）、これを美的創作の側面から評価して登録するものである。このことは、3条2項で登録要件として創作非容易性が要求されていることからも明らかである。

　すなわち、物品等の形状等に係る創作は、技術的側面からは発明・考案として捉えることができ、美的側面からは意匠として捉えることができる場合がある。このよう場合は、一つの創作を発明・考案として評価することも、意匠として評価することもできる。

　特許出願・実用新案登録出願と意匠出願とは、創作の保護を求める点で共通

している。したがって、両者の間で同一性が認められる場合があり、出願の変更が必要とされる場合があるので、出願変更が認められている。

3　商標と意匠

　商標登録出願の対象である商標は、商品・役務の識別標識である。商標の登録要件には創作に関する規定はない。辞書に掲載されている語も登録の対象になる。ありふれた図形等が登録されない理由も、創作性がないからではなく、識別力が無いためである。そして、商標権は商標と指定商品・役務との関係のもとで登録される。

　商標登録出願は創作とは無関係に識別標識としての保護を求めるものであり、創作の保護を求める意匠出願との間で同一性を認められる場合は考えられない。

　したがって、商標登録出願から意匠登録出願への出願変更は認められていない。

4　アイコンの商標と意匠

　アイコンは、デザインの対象であると共に、商品や役務の識別標識として商標として機能するものも多い。したがって、一つのアイコンを商標と意匠の双方での登録を希望することもある。しかしながら、同じアイコンであっても、商標はこれを識別標識の観点から評価するものであり、意匠は美的外観の創作の観点から評価するものである。願書に添付された図面（商標見本）に現される図が同じであっても、商標登録出願と意匠登録出願とには同一性がない。

　立体商標も同様であり、商標登録を受けようとする立体的形状が物品の形状や建築物の形状であれば、意匠登録の対象と共通するが、商標登録出願と意匠登録出願とには同一性がない。

　したがって、商標登録出願から意匠登録出願への出願変更は認められていない。

▶ 設題の検討

1　設題(1)について

　特許出願の願書に添付された図面に現されているアイコンの図は、技術的思想の創作である発明を構成するものと位置づけられる。すなわち、このアイコンは創作物として評価される。したがって、このアイコンを美的側面から意匠として評価することが可能であり、アイコンの形態等を意匠登録出願に変更することができる。

　意匠登録出願においては、意匠に係る物品を「アイコン用画像」とし、意匠に係る物品の説明に、「画面に表示される情報を選択するためのアイコンである。」程度の説明を記載することになる。このアイコンの機能に関する説明事項も、特許出願に書かれている必要がある。

　なお、出願変更した場合、もとの特許出願は取り下げたものとみなされる（4項）。そこで、特許の取得も希望する場合は、もとの出願を分割した上で、出願変更をする必要がある。

2　設題(2)について

　「解説」に記したとおり、商標登録出願から意匠登録出願への変更は認められない。したがって、Aは、意匠登録を望むならば、特許出願を基礎とする必要がある。

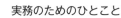

実務のためのひとこと

　パッケージの意匠やアイコンの意匠など、使用の実態において商標的な機能を期待されているものもあります。意匠と商標の重畳保護を視野に入れて、そして使用の態様が商標的であるかどうかも検討し、意匠保護、商標保護を慎重に選択する必要があるでしょう。

優先権・補正

【設題】

　A社は、2023年1月に韓国で「腕時計用バンド」の意匠登録出願を行い（出願1）、同年2月に韓国で「腕時計本体」の意匠登録出願を行い（出願2）、2023年5月に前記出願1と出願2に基づく優先権を主張して、我が国に「バンド付腕時計」（日本出願）の意匠登録出願を行った。

　日本出願の出願時の図面は、出願1の「腕時計用バンド」に出願2の「腕時計本体」を取り付けたものであったが、「針」と「時刻表示目盛り」は現されていなかった。そこで、出願後にA社は手続補正書を提出して「針」と「時刻表示目盛り」を現した図面に変更した。

(1) 日本出願において、優先権主張は認められるか。

(2) 補正は認められるか。

意匠法

第60条の24　意匠登録出願、請求その他意匠登録に関する手続をした者は、事件が審査、審判又は再審に係属している場合に限り、その補正をすることができる。

第17条の2　願書の記載又は願書に添付した図面、写真、ひな形若しくは見本についてした補正がこれらの要旨を変更するものであるときは、審査官は、決定をもつてその補正を却下しなければならない。

（以下省略）

第9条の2　願書の記載（中略）又は願書に添付した図面、写真、ひな形若しくは見本についてした補正がこれらの要旨を変更するものと意匠権の設定の登録があつた後に認められたときは、その意匠登録出願は、その補正について手続補正書を提出した時にしたものとみなす。

パリ条約

第4条F　いずれの同盟国も、特許出願人が2以上の優先権（2以上の国においてされた出願に基づくものを含む。）を主張することを理由として、又は優先

権を主張して行つた特許出願が優先権の主張の基礎となる出願に含まれていなかつた構成部分を含むことを理由として、当該優先権を否認し、又は当該特許出願について拒絶の処分をすることができない。(以下省略)

▶ 検討のポイント

☑　複合優先の可否
☑　補正と要旨変更
☑　物品性

▶ 解説

1　複合優先の可否

　パリ条約4条Fは、いわゆる複合優先を規定している。しかしながら、同条は「特許出願人」と規定しており、特許出願だけを対象にしているものと解されている。勿論、同盟国において特許出願以外についても複合優先を認めることは自由であるが、条約上の義務ではない。

　他方、我が国では、意匠は物品等の形状等であって、視覚を通じて美感を起こさせるもの、と定義されている。ここでいう「物品等」とは出願に関して言えば、願書に「意匠に係る物品」として記載された物品等であり、「形状等」とは図面に現された形状等であり、両者が一体のものとして一つの意匠を構成するものとされている。部分意匠においても、登録を受けようとする部分のみで意匠が成立するのではなく、その他の部分を含めて一つの意匠と把握される。

　すなわち、我が国の意匠法は、意匠を部分の組合せ若しくは結合で成立するものとは考えていない。部品の意匠二つが結合して構成された完成品の意匠であれば、部品の意匠と完成品の意匠とは美感が異なる別個の意匠と捉えている。そうだからこそ、全体意匠から部分意匠又は部品の意匠への分割も認められていないのである。

　このような解釈、運用を前提とすると、意匠において複合優先を認めることはできないとの結論となる。そこで審査基準では、複数の優先権主張に基づく意匠を組み合わせた意匠について、我が国の意匠登録出願については、優先権の主張は認めないこととされている（同第Ⅶ部4.3）。

2　補正と要旨変更

　意匠登録出願に関しては、事件が審査、審判又は再審に係属している場合に限り、その補正をすることができる（60条の24）。補正とは、出願に関する書類等について法律又は所定の様式に照らして誤記や不明瞭な記載などの記載不備がある場合に、その記載不備を治癒するために、出願後に当該出願書類等を訂正又は補充する手続行為をいう。

　何故「補正」が認められているか。一般に、先願主義のために出願を急ぐから不備が出ることがあり、補正ができないと出願人に酷になる、と説明されている。補正を認める根底の理由は何であろうか。「意匠登録を受ける権利」の保護であろう。

　しかし、意匠法は先願主義を採っており、先後願関係は出願の日における願書及び願書に添付された図面で判断される。また3条の登録要件も同様である。

　このような枠組みの中で補正を認めるのであるから、その許容範囲は第三者との利益均衡が図られなければならない。意匠登録を受ける権利の保護のみを考えるならば、当該意匠登録出願時に出願人が創作していたことを立証できる範囲まで「補正」を認める考えもあり得よう。しかし、そのような考えは「先創作主義（先発明主義）」に通じるものであって、先願主義の下で採用することはできない。

　そこで、第三者の権利若しくは利益に影響を与えない範囲で補正を認めることとし、補正が要旨を変更するものであるときは、審査官は、決定をもってその補正を却下する（17条の2第1項）。ここで、意匠の要旨とは、その意匠の属する分野における通常の知識に基づいて、願書の記載及び願書に添付した図面等から直接的に導き出される具体的な意匠の内容をいう（審査基準第Ⅵ部第2章3）。

　したがって、その意匠の属する分野における通常の知識に基づいて当然に導き出すことができる同一の範囲を超えて変更する補正は認められない。

　なお、審査において要旨変更が看過され登録後に要旨変更と認定された場合は、意匠登録出願は、その補正について手続補正書を提出した時にしたものとみなされる（9条の2）。

▶ 設題の検討

1　設題(1)について

　日本出願の意匠「バンド付腕時計」は、優先権主張の基礎とされている「腕時計用バンド」の意匠（出願1）と「腕時計本体」の意匠（出願2）とを組み合わせたものであり、部分ごとに観察するならば、それぞれ優先権主張の基礎となる出願の意匠に現されているといえる。

　しかしながら、「バンド付腕時計」の意匠（日本出願）は、バンド付腕時計全体として一つの意匠を構成するのであって、「腕時計用バンド」「腕時計本体」という個々の意匠に分解して評価されるものではない。したがって、優先権主張の基礎とされている二つの意匠と日本出願の意匠とは同一性がない。日本出願における出願1と出願2に基づく優先権主張は認められないこととなる。

2　設題(2)について

　設題においては、「針」と「時刻表示目盛り」が表されていない「バンド付腕時計」の意匠について、「針」と「時刻表示目盛り」を表した補正を行っている。

　補正が要旨変更であるか否かを判断する基礎は、我が国における出願である。これは優先権主張が認められるか否かとは関係がない。

　上記したように、補正が許容される範囲は出願時の願書及び図面から当業者が直接的に導き出される具体的な意匠の範囲である。

　この観点から設題の補正を検討すると、「針」や「時刻表示目盛り」の態様はいろいろあり、一義的に決まるものではない。しかも「針」や「時刻表示目盛り」の態様は物品「腕時計」に係る意匠において、その「美感」を看取する際に無視できない態様であって、意匠の要旨を構成するものといえる。

　そうすると、本件における「針」と「時刻表示目盛り」の追加は要旨変更ということになろう。

3　物品性

　本件において、補正は審査において要旨変更として却下され（17条の2）、審査において看過された場合は登録後に出願日が遡って扱われると思われる（9条の2）。

　では、補正しなかった場合はどうであろうか。

　物品「腕時計」において、針や時刻表示目盛りが存在しない場合、「腕時計」という物品が成立しない。時刻表示目盛りが存在しないものはあるが、針が存在しないアナログ腕時計は存在しない。腕時計にはアナログ式とデジタル式があるがアナログ式であれば「針」は必須であり、デジタル式であれば時刻表示部が必須である。ボタンを押すと時刻を読み上げる音声が流れる、というものもあり得るが、その場合も意匠に係る物品の説明の記載が必須である。

　何れも存在しない「腕時計」の意匠が出願された場合、審査官は「これってどうやって時刻を読み取るの？」と考えるであろう。そして、読み取り方が分からなければ、意匠が完成しているのか、と疑問に思い、意匠法上の「意匠」に該当しないと考え、3条1項柱書き違背で拒絶理由通知を出すことになる。

　それを受けた出願人は、補正して「針」を加えることになる。その補正は却下されるので、補正却下後の新出願（17条の3）を行う、ということになる。この補正は、補正却下不服審判（47条）を請求しても認められる可能性は極めて低いであろう。「針」を破線で現して登録を受けようとする部分から除外しても、出願時に存在しなかった要素が加わることに違いはなく、補正は許容されないであろう。

4　補足

　出願人A社は日本において、少ない数の出願で広い権利を確保しようとしたのあろう。しかし、二つの誤りを犯していた。一つめは、意匠において「複合優先」が認められるという誤解、二つめが物品の成立に関する誤解である。

　複合優先は認められない、と理解していれば、優先権を主張するためには二つの意匠出願をすべきであった。また、第一国出願後我が国での出願の間に公

知となっていない場合には、優先権を考えずに、日本出願において「針」と「時刻表示目盛り」を破線で表して「部分意匠」として出願できたはずである。そのような出願をしていれば、物品が成立しない、という拒絶理由通知を受けるおそれもなく、補正の必要もなかったということになる。

実務のためのひとこと

　要旨変更は、外国の出願を基礎とした優先権主張を伴う意匠出願で問題になることが多いです。図面の表し方の相違に基づくものです。欧州のように比較的ラフな図面が許容される第一国出願に基づいて日本出願をする場合、出願時に、日本の基準に適合した図面を用意することが重要です。

Chapter 5

どのように保護されるのか

　この章では、意匠権の効力や実施権について考えます。

　意匠権者は、業として登録意匠及びこれに類似する意匠の実施をする権利を専有します（23条）。意匠権は、特許権・実用新案権と同じく抽象的なアイデアの保護に関する権利であることから、同一の意匠のみならず類似する意匠にも専有権が認められています。同じ「類似」という言葉を使いつつも、混同を防止するための緩衝地帯と位置づけられて排他権のみが認められている商標権とは、「類似」の位置づけが根本的に異なります。

　意匠の類否の判断は、24条2項において「登録意匠とそれ以外の意匠が類似であるか否かの判断は、需要者の視覚を通じて起こさせる美感に基づいて行うものとする。」と規定されています。この規定は、創作者の視点で意匠の類否を判断するという「（純粋）創作説」を排除するために規定されたものです。

　この規定の制定前から、審査・審判及び多くの裁判事案において、「公知意匠を参酌して当該意匠の新規な部分（創作）を認定し、対象となる意匠と対比した上で、需要者の視点で類否を判断する」という手法が採られていました。現在も同様です。立法の過程において、「需要者」とは一般需要者だけでなく取引者を含む概念と理解されています。

　意匠権の効力を考える場合、全体意匠と部分意匠と、どちらの効力が強いのかという質問をよく受けます。答えは、それぞれ独自の守備範囲を持っており、一概にどちらが強いということはできない、となります。

　特許に馴染んでいる方は、構成要素の多い全体意匠よりも構成要素が少ない部分意匠の方が強いのではないか、と考えるのだろうと思います。ここに、特許と意匠の違いがあります。意匠の評価は全体観察です。全体意匠で登録されている意匠の場合、対比する意匠と各構成要素は微妙に異なりつつも（部分意匠としては非類似）、全体としてみると美感が共通する（類似）ということもあります。

　意匠の類否判断において「全体観察」という観点を忘れてはなりません。

意匠権の効力（部分意匠）

【設題】

　A社は、意匠に係る物品を「自転車」として、自転車のサドル部分を部分意匠として登録を受けようとする部分とした部分意匠（「意匠X」という）の意匠権を保有している。

　B社は、意匠Xの登録後に、A社が保有する登録意匠のサドル部分の意匠Xと類似したサドル部分の意匠を備えた自転車（「意匠Y」という）の製造・販売を開始した。しかし、B社が製造・販売する自転車の意匠Yにおいて、ハンドル、フレームは共に独創的なデザインである。

　A社はB社に対して意匠Yの実施の差止めを請求することができるか。

参照条文

意匠法

第23条　意匠権者は、業として登録意匠及びこれに類似する意匠の実施をする権利を専有する。ただし、その意匠権について専用実施権を設定したときは、専用実施権者がその登録意匠及びこれに類似する意匠の実施をする権利を専有する範囲については、この限りでない。

第24条　登録意匠の範囲は、願書の記載及び願書に添附した図面に記載され又は願書に添附した写真、ひな形若しくは見本により現わされた意匠に基いて定めなければならない。

2　登録意匠とそれ以外の意匠が類似であるか否かの判断は、需要者の視覚を通じて起こさせる美感に基づいて行うものとする。

▶ 検討のポイント

☑　意匠権の効力

☑　部分意匠の認定・類否判断

☑　部分意匠の意匠権の効力

▶ 解説

1　意匠権の効力

　意匠権の効力は、同一の意匠の他、類似する意匠にも及ぶ。意匠は物品等の形状等についての創作であるから、同一の意匠のみならず、美感が共通する類似する意匠までその効力を及ぼすことで、創作の保護を図っているものである。そして、意匠が類似するか否かは、需要者の視覚を通じて起こさせる美感が共通するか否かによって判断される（24条2項）。需要者には、一般需要者の他、取引者も含まれ、需要者の範囲は物品等の性格を踏まえて判断される。

　部分意匠であっても同様である。

2　部分意匠の認定・類否判断

(1)　意匠の認定

　審査基準において、部分意匠の意匠登録出願に係る意匠の認定は、

① 部分意匠の意匠に係る物品等

②「意匠登録を受けようとする部分」の用途および機能

③「意匠登録を受けようとする部分」の位置、大きさ、範囲

④「意匠登録を受けようとする部分」の形状等

に基づいて認定するものとされている（同第Ⅲ部第2章第1節 2.2.2(2)）。

(2)　これらが認定の要素となる理由

① 部分意匠の意匠に係る物品

　部分意匠登録制度は、物品等の一部分に意匠としての創作が存在する場合（意匠的特徴が存在する場合）、その部分についての意匠登録を認めるものである。すなわち、「部分」だけを物品等から切り離して登録を認める制度ではない。「物品等」であることは部分意匠の成立の前提となっている。

　したがって、意匠登録出願においてはあくまでも全体としての「物品等」を特定させるべく、意匠に係る物品として物品等の全体の名称を記載することを要求しているのであり、意匠に係る物品等が何であるかは意匠を認定するため

の前提要素となるのである。

② 「意匠登録を受けようとする部分」の用途および機能

　意匠は物品等に関するものであり、部分意匠であっても全体意匠と異なるところはない。そして、物品等は一定の用途・機能を有するものであって、意匠は物品等として備える用途・機能を満たすものとしてその形状等が創作される。したがって、意匠を認定し評価するに際しては、形状等と物品等の用途・機能との関係を無視することはできない。

　意匠は物品に関する美的創作と言われることがある。この表現において、とかく「美的創作」という部分に気をとられがちであるが、「物品等に関する」という部分の重要性を見落としてはならない。一定の用途・機能を有する物品等についての美的創作である。

　そして、部分意匠であっても同様である。物品等の部分である以上、物品等として要求される用途・機能に何らかの形で寄与していることが通常である。

　したがって、部分意匠として登録を受けようとする部分の用途および機能が部分意匠を認定・評価するための要素となるのである。

　この観点からすると、例えば、カメラボディに備えられた丸い押しボタンであっても、シャッターボタンとレンズカバーの開閉ボタンとでは部分意匠としての評価は異なることとなる。

③ 「意匠登録を受けようとする部分」の位置、大きさ、範囲

　部分意匠は、物品等全体のうちの意匠的特徴のある部分を、物品等の存在を前提として登録する制度である。部分のみを独立して保護することを予定とした制度ではない。独創的な形態を備えた「部分」を、物品等のどの部分に、どのようなバランスで嵌め込むか、配置するかということは、その創作の一部をなす行為である。

　したがって、意匠登録を受けようとする部分と全体との係わり合い、すなわち位置、大きさ、範囲というものが、部分意匠を認定・評価するための要素となるのである。

　さて、部分の位置・大きさ・範囲が部分意匠認定のための要素となる理由が上記のとおりであるならば、当該「部分」自体の性質によって、位置・大きさ・範囲が部分意匠の認定における影響度合いは異なるものであることが分か

るであろう。

　例えば、以下のような関連の登録例がある。

第 1081988 号　本意匠　　　　　　第 1082584 号　関連意匠

　これら二つの意匠はいずれもパソコンのジョグダイヤル部分の部分意匠であるが、その位置は全く異なっている（上図に筆者の追加した矢印部を参照）。本意匠ではキーボードの右上方にあり、関連意匠では本体の右手前にある。何故、位置が全く異なっていながら関連意匠として登録されているのであろうか。

　思うに、ジョグダイヤルはその用途・機能において物品「パソコン」の「位置」の制約が少ないために、「位置」という認定要素のウエイトが極めて低いものとされたのであろう。

　すなわち、位置が異なれば即非類似、という意味合いで位置・大きさ・範囲という判断要素を捉えてはならないのである。

④　「意匠登録を受けようとする部分」の形態

　これについてはあまりにも当然で説明を要しないであろう。

3　部分意匠の意匠権の効力

　部分意匠の効力については、独立説、要部説があるとされている。両説の違いは、「位置・大きさ・範囲」のウエイトの違いである。独立説はこれを小さく評価若しくは無視し、要部説はこれを重視する。

　思うに、類似意匠の認定・評価が上記 2 のようなものであることを前提とするならば、その効力の範囲を判断するに際しても、部分意匠として登録の対象となっている部分が、物品全体の中でどのような価値（美的価値と用途・機能的価値）を持っているのかが考慮されなければならないであろう。意匠の創作

を、物品としての用途・機能を前提とした形態に関する創作であると捉えるならば、意匠法が意匠の創作を保護するものであることから、意匠権の効力の範囲の認定、類否判断においては、当該創作の「用途・機能」との関わりを考慮する必要がある。そして、部分意匠においても同様である。

すなわち、部分意匠の類否判断においては、先にも述べたように、部分としての全体との関わり、部分としての用途・機能の物品全体との独立性の強弱が考慮されなければならず、部分の性質により結論として独立説に近いものとなる場合もあり、要部説に近いものとなることもあると考える次第である。

▶ 設題の検討

1 部分意匠 X と全体意匠 Y

設題において、B が製造販売する自転車の意匠 Y は、サドル部分は意匠 X に類似している。しかし、ハンドルやフレームは極めて斬新な形態である。

自転車において、ハンドルとフレームの結合した態様は自転車の意匠の美感を決定づける程によく目立つ部分である。他方サドルはハンドルやフレームと比べると部分的な形態として観察されるであろう。

もし、部分意匠 X との対比において意匠 Y を全体として、全ての部分を同じウエイトで観察するという手法をとるならば、サドルの意匠 Y は斬新なハンドルやフレームによって起こされる美感の中に埋没してしまうかもしれない。その場合、意匠 Y の中に部分意匠 X が存在しているとしても、非類似との結論に至りかねない。

しかし、このような判断手法は、物品等の部分の創作を保護するという部分意匠保護の趣旨から、妥当でない。

2 類否判断

意匠 Y が意匠 X に類似するか否かを、審査基準の手法に沿って評価すると次のとおりである。

部分意匠である意匠 X 及び意匠 Y の意匠に係る物品は「自転車」であって

共通する。意匠Xの意匠登録の対象部分及び意匠Yの対比する部分は、共に「自転車のサドル」であって、用途及び機能は共通する。そして、両者の位置・大きさ・範囲は共通する。

　以上を前提として、両意匠の「自転車のサドル」の形状が類似する。

　したがって、意匠Yは意匠Xに類似すると判断されることになる。

　いかにハンドルやフレームが斬新な形態であろうとも、サドルに注目したとき、そのサドルから意匠Xと共通する美感がを感得できるか否かで判断することになる。そして、意匠Yのサドルから意匠Xと共通した美感が感得されるのであれば、意匠Yは部分意匠Xに類似し、意匠権の効力の範囲に含まれ（23条）、その製造・販売は侵害を構成することとなる。

　なお、部分意匠の図面に示される登録の対象外の部分の形状等（破線部分）は、形状を特定するものではなく、部分意匠を認定するための上記審査基準における①ないし③の要素を判断するための資料ということができる。

実務のためのひとこと

　部分意匠は全体意匠よりも効力が強い、という声を聞くことがあります。しかしこれは特許的な見方であって、意匠には妥当しません。部分ごとで比較すると類似とはいえないながらも全体としては類似する、というケースもあります。そのような場合は部分意匠の効力は及ばず、全体意匠でなければ類似と判断されることはありません。

Unit 27

部分意匠と部品の意匠

【設題】

　カメラメーカーＡ社は、新開発の一眼レフカメラの意匠について、ボディと
レンズとを組み合わせた全体意匠Ｘの意匠権（意匠に係る物品「カメラ」）、レンズ
部分を対象とした部分意匠Ｙの意匠権（意匠に係る物品「カメラ」）、ボディを対象
とした部品の意匠Ｚの意匠権（意匠に係る物品「カメラボディ」）の登録を保有し
ている。

　Ａ社の出願後にカメラメーカーＢ社が発売したカメラは、Ａ社のカメラに似
た印象を与えるものであった。

　Ａ社はＢ社にクレームを付けたいと考えている。Ａ社はどのような点を検討
する必要があるか。

▶ 検討のポイント

- ☑ 「似た印象」＝「類似」ではない
- ☑ 「全体意匠」「部分意匠」「部品の意匠」の効力
- ☑ 考えられるパターン
  - 全体の意匠が類似する場合
  - レンズの意匠が類似する場合
  - ボディの意匠が類似する場合

▶ 解説

1 「似た印象」＝「類似」ではない

　設題において、Ｂ社が発売したカメラは、Ａ社のカメラに似た印象を与える
ものとされており、「類似する」とはされていない。類似とは美感が共通する
ことであるから、Ｂ社の意匠は全体としてＡ社の意匠に類似する場合も類似

しない場合も考えられる。

そして、似た印象を与えるのであるから、レンズやボディの意匠が類似していることによって似た印象になっていることも考えられる。

そこで、A社としては、B社のカメラ全体の意匠、レンズの意匠、ボディの意匠それぞれについて、類否を検討する必要がある。

2 「全体意匠」「部分意匠」「部品の意匠」の効力

以下において、全体意匠、部分意匠、部品の意匠の効力について設題に即して解説するが、とりわけ部分意匠と部品の意匠の違いを理解頂きたい。部品の意匠は、完成品との関係では「部品」であるものの、法律上は独立した物品である。

(1) 全体の意匠の検討

A社は物品「カメラ」に係る全体意匠Xの意匠権を保有している。そこで、意匠XとB社のカメラ全体の意匠とを対比して、その類否を判断することになる。

その判断手法は、意匠Xにおける新規な形状等を抽出し、カメラの意匠を観察する通常の方向から観察し、意匠全体として、需要者の視覚に与える美感を検討することになる。カメラは、需要者が手に持って使用する物品であるから、正面を中心にしつつも、全体をくまなく観察する。そして需要者は、カメラを使用する一般需要者が中心になる。

(2) レンズ部分の意匠の検討

A社は物品「カメラ」に係るレンズ部分を対象とした部分意匠として意匠Yの意匠権を保有している。部分意匠においては、部分の意匠それ自体のみではなく、対象となる部分の全体における位置、大きさ、範囲も意匠を認定する要素となる。カメラにおいて、レンズは通常ボディの中央に位置しているが、左右に偏って取り付けられているものもあり、レンズが取り付けられている位置も、意匠の類否を左右する要素となる。

　類否の判断手法は、意匠 Y におけるレンズの形状等を抽出し、その位置、大きさ、範囲を加味してカメラのレンズ部分の意匠を、通常観察する方向から観察し、需要者の視覚に起こさせる美感を検討することになる。カメラは、需要者が手に持って使用する物品であるから、正面を中心にしつつも、全体をくまなく観察する。そして需要者は、カメラを使用する一般需要者が中心になる。

(3) ボディの意匠の検討

　A 社は物品「カメラボディ」に係る意匠 Z の意匠権を保有している。なお、一眼レフカメラは、ボディのみで取引の対象となるので、一つの意匠を構成する。

　意匠 Z は物品「カメラボディ」に係る意匠であるから、類否判断において「レンズ」の形状等を考慮する必要はない。類否の判断手法は、意匠 Z における新規な形状等を抽出し、カメラのボディの意匠を観察する通常の方向から観察し、意匠全体として、需要者の視覚に与える美感を検討することになる。カメラのボディは、需要者が手に持って使用する物品であるから、正面を中心にしつつも、全体をくまなく観察する。そして需要者は、カメラを使用する一般需要者が中心になる。

▶ 設題の検討

1　全体の意匠が類似する場合

　B 社の意匠が A 社の意匠 X にカメラ全体の意匠として類似している場合は、B 社によるカメラの製造・販売などは A 社のカメラに係る全体意匠 X の意匠権を侵害することになる。

　このとき、レンズ部分の意匠においても両者が類似するならば、B 社によるカメラの製造、販売などは A 社のカメラに係るレンズ部分の部分意匠 Y の意匠権を侵害することになる。そして、全体としては類似するがレンズ部分においては類似しないという場合もあり、このときは B 社が意匠 Y の意匠権を侵害することにはならない。

2　レンズの意匠が類似する場合

レンズ部分の意匠に顕著な特徴があり、そのために全体として非類似であるものの、似た印象を与えることになる場合もある。

物品「カメラ」に係るレンズ部分を対象とした意匠 Y と、B 社のカメラのレンズ部分の意匠とが類似する場合（意匠に係る物品は「カメラ」であるから、「カメラ」として対比する）、B 社によるカメラの製造、販売などは A 社のカメラに係るレンズ部分の部分意匠 Y の意匠権を侵害することになる。

3　ボディの意匠が類似する場合

ボディの意匠に顕著な特徴があり、そのために全体として非類似であるものの、似た印象を与えることになる場合もある。

物品「カメラボディ」に係る意匠 Z と、B 社の「カメラボディ」の意匠とが類似する場合（意匠に係る物品は「カメラボディ」であるから、「カメラボディ」として対比する）、B 社によるカメラボディの製造、販売などは A 社のカメラボディに係る意匠 Z の意匠権を侵害することになる。

なお、B 社のカメラボディの意匠が意匠 Z に類似する場合、B 社がカメラボディを単独で販売する行為が侵害となることはもちろんである。

4　意匠の利用

意匠法 26 条は、意匠権者は、その登録意匠がその意匠登録出願の日前の出願に係る他人の登録意匠若しくはこれに類似する意匠を利用するものであるときは、業としてその登録意匠の実施をすることができないと規定する。そして、実施をすると前記他人の意匠権を侵害するものとされる。

一眼レフカメラの意匠において、カメラボディの意匠がその本質を破壊されることなく、他の構成要素と区別し得る態様において包含されていることは明らかである。そして、カメラボディとレンズとの結合により全体としては意匠 Z とは非類似の意匠をなしているが、カメラの意匠を実施すると必然的に意匠

Z を実施する関係にある。

　したがって、B 社のカメラボディの意匠が意匠 Z に類似する場合は、意匠 Z
と B 社のカメラの意匠との間には利用関係が成立し、B 社によるカメラの製
造販売は A 社の意匠 Z の意匠権を侵害することとなる（Unit 30 参照）。

● **重要判決例** ●

• 「学習机事件」（大阪地判昭和 46 年 12 月 22 日裁判所ウェブサイト（昭和 45 年
　（ワ）第 507 号））

「意匠の利用とは、ある意匠がその構成要素中に他の登録意匠又はこれに類
似する意匠の全部を、その特徴を破壊することなく、他の構成要素と区別しう
る態様において包含し、この部分と他の構成要素との結合により全体としては
他の登録意匠とは非類似の一個の意匠をなしているが、この意匠を実施すると
必然的に他の登録意匠を実施する関係にある場合をいうものと解するのが相当
である。意匠法第 26 条は登録意匠相互間の利用関係について規定するが、意
匠の利用関係のみについていえば、他の登録意匠を利用する意匠はそれ自体必
ずしも意匠登録を受けている意匠である必要はなく、意匠の利用関係は登録意
匠と未登録意匠との間にも成立するものであり、他人の登録意匠又はこれに類
似する意匠を利用した未登録意匠の実施が、他人の当該意匠権の侵害を構成す
ることは勿論である。ところが、意匠権者は登録意匠及びこれに類似する意匠
の実施を有する権利を専有する（意匠法第 23 条）ところから、他人の登録意匠
又はこれに類似する意匠を利用した意匠が偶々自己の登録意匠又はこれに類似
する意匠である場合には、利用された側の意匠権者の独占的排他権と利用する
側の意匠権者の実施権とが衝突するため、両者の関係を調整する必要がある。
意匠法第 26 条はかかる場合双方の登録意匠の出願の先後関係により先願の権
利を優先せしめ、後願の登録意匠又はこれに類似する意匠が先願の登録意匠又
はこれに類似する意匠を利用するものであるときは、後願にかかる意匠権の実
施権をもつて先願にかかる意匠権の排他権に対抗しえないこととしたのである。
　意匠の利用関係が成立する態様は、大別すると次の二つとなる。その一は意
匠に係る物品が異なる場合であり、A 物品につき他人の登録意匠がある場合に、
これと同一又は類似の意匠を現わした A 物品を部品とする B 物品の意匠を実

施するときである。その二は意匠に係る物品が同一である場合であり、他人の登録意匠に更に形状、模様、色彩等を結合して全体としては別個の意匠としたときである。右のいずれの場合であつても、意匠中に他人の登録意匠の全部が、その特徴が破壊されることなく、他の部分と区別しうる態様において存在することを要し、もしこれが混然一体となつて彼此区別しえないときは、利用関係の成立は否定されることを免れない。」

実務のためのひとこと

　部分意匠と部品の意匠とでは、守備範囲が異なります。部分意匠、部品の意匠の何れを選択するかは、物品の流通形態も考慮に入れて検討する必要があるでしょう。一眼レフカメラの場合、同じボディに種々の交換レンズが取り付けられます。ボディが基礎となって商品展開されることから、Ａ社はカメラボディを部分意匠ではなく部品の意匠として登録を受けたものと考えられます。

Unit 28

間接侵害

【設題】

　A社は、「腕時計」に係る登録意匠の意匠権者である。B社が、A社の登録意匠における「腕時計本体」の部分の意匠に類似する「腕時計本体」を販売している。

　A社は、B社の販売行為を差し止めることはできるか。A社の登録意匠が、全体意匠である場合と、「腕時計本体」部分を対象とした意匠である場合とに分けて検討せよ。

　また、A社の意匠が全体意匠である場合において、B社が「腕時計本体」とA社の意匠の「腕時計用バンド」に類似する意匠の「腕時計用バンド」とをセットにして販売している場合はどうか。

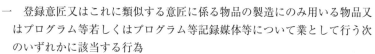

参照条文

意匠法

第38条　次に掲げる行為は、当該意匠権又は専用実施権を侵害するものとみなす。

一　登録意匠又はこれに類似する意匠に係る物品の製造にのみ用いる物品又はプログラム等若しくはプログラム等記録媒体等について業として行う次のいずれかに該当する行為

　イ　当該製造にのみ用いる物品又はプログラム等記録媒体等の製造、譲渡、貸渡し若しくは輸入又は譲渡若しくは貸渡しの申出をする行為

　ロ　当該製造にのみ用いるプログラム等の作成又は電気通信回線を通じた提供若しくはその申出をする行為

二　登録意匠又はこれに類似する意匠に係る物品の製造に用いる物品又はプログラム等若しくはプログラム等記録媒体等（これらが日本国内において広く一般に流通しているものである場合を除く。）であつて当該登録意匠又はこれに類似する意匠の視覚を通じた美感の創出に不可欠なものにつき、その意匠が登録意匠又はこれに類似する意匠であること及びその物品又はプログラム等若しくはプログラム等記録媒体等がその意匠の実施に用いら

参照条文
れることを知りながら、業として行う次のいずれかに該当する行為

　イ　当該製造に用いる物品又はプログラム等記録媒体等の製造、譲渡、貸渡し若しくは輸入又は譲渡若しくは貸渡しの申出をする行為

　ロ　当該製造に用いるプログラム等の作成又は電気通信回線を通じた提供若しくはその申出をする行為

三　登録意匠又はこれに類似する意匠に係る物品を業としての譲渡、貸渡し又は輸出のために所持する行為

（以下省略）

▶ 検討のポイント

- ☑ 「間接侵害」の趣旨
- ☑ 1号における「製造にのみ用いる物品」
- ☑ 2号における「美感の創出に不可欠なもの」

▶ 解説

1 「間接侵害」の趣旨

　意匠権者は、登録意匠及びこれに類似する意匠の実施をする権利を専有し（23条）、権限のない第三者の実施行為は意匠権侵害となる（直接侵害）。他方、権限のない第三者が、登録意匠及びこれに類似する意匠の実施に用いられる物品（部品）を製造販売する行為は、意匠に係る物品の製造販売にあたらないので、意匠権侵害を構成しない。しかしながら、このような行為は直接侵害を惹起する蓋然性が高く、そのような行為を放置することは、意匠権の効力の実効性を失わせることになる。

　そこで、侵害の予備的又は幇助的行為のうち、直接侵害を誘発する蓋然性が極めて高い一定の行為を意匠権の侵害とみなす（間接侵害）ものと規定している（38条）。

2 「製造にのみ用いる物品」（1号）

　1号は、「登録意匠又はこれに類似する意匠に係る物品の製造にのみ用いる物品又はプログラム等若しくはプログラム等記録媒体等」、いわゆる「のみ品」

（専用品）の製造等の行為を侵害とみなすものである。建築物の意匠については4号、画像の意匠については7号に同様の規定が置かれている。

　例として、逐条解説には、以下のように示されている。

　「カメラに意匠権が設定されている場合に、そのカメラを作るための部品のセットを販売する場合等が挙げられる。このとき、部品のセット自体はカメラの意匠権を直接侵害するものではないが、そのカメラの部品のセットでカメラ以外のものを作るとは考え難い場合は、いずれはその組立セットによって侵害行為がされるものであるから、その前の段階における行為を侵害行為とみなして禁止しようというものである。この場合に、製造されたセットを購入等した者がカメラを組み立てた後における、その使用等の行為を侵害行為として押さえてゆくことは理論的には可能なわけであるが、実際には多数の者によって各個に侵害行為がなされるので、その全てを押さえてゆくことは容易なことではないというところから、意匠権者の保護のためこのような規定が設けられたものである」（同1342頁）。

　なお、本条における「プログラム等」とは、電子計算機に対する指令であつて、一の結果を得ることができるように組み合わされたもの、その他電子計算機による処理の用に供する情報であつてプログラムに準ずるものをいう（2条2項3号で準用する特許法2条4項）。

3　「美感の創出に不可欠なもの」（2号）

　2号は、「専用品に限らず、登録意匠等に係る物品の製造に用いる物品等であって、当該登録意匠等の『視覚を通じた美感の創出に不可欠なもの』を、その意匠が登録意匠等であること及び当該物品等が意匠の実施に用いられることを知りながら、業として譲渡等する場合についても侵害とみなすものである。」（『逐条』1343頁）。多機能型間接侵害と呼ばれる。

　「例えば、意匠権を侵害する製品の完成品を構成部品（非専用品）に分割して輸入することにより、意匠権の直接侵害を回避するなどの巧妙な模倣例が見受けられたことから、これに対処すべく」（『逐条』1343頁）、規定された。建築物の意匠については5号、画像の意匠については8号に同様の規定が置かれている。

「視覚を通じた美感の創出に不可欠なもの」について、逐条解説では「意匠を構成する部品等に加え、物品の製造、建築物の建築及び画像の作成に用いられる道具、例えば金型等も含まれ得る。逆に、意匠の外観に現れないものや、微小な部品であって意匠全体の美感の創出にほとんど影響を与えないもの等は、『視覚を通じた美感の創出に不可欠なもの』にはあたらない」とされている（同1344頁）。

4　3号の行為

登録意匠又はこれに類似する意匠に係る物品を業としての譲渡、貸渡し又は輸出のために所持する行為は、意匠の実施には該当しないが、侵害に直結する行為であることから、侵害とみなすものとしている。建築物の意匠については6号、画像の意匠については9号に同様の規定が置かれている。

▶ 設題の検討

1　B社による「腕時計本体」の販売行為

A社が保有する意匠権は、物品「腕時計」に係るものである。腕時計は、腕時計本体に腕時計用バンドが取り付けられている。B社が腕時計本体を販売する行為は、「腕時計」の意匠の実施行為に該当することはなく、直接侵害を構成することはない。なお、部分意匠であっても意匠の類否判断において「腕時計用バンド」の部分を無視することはできず、直接侵害を構成することはない。

(1)　全体意匠である場合

B社が販売する腕時計本体には、種々の腕時計用バンドを取り付けることができる。そして、腕時計用バンドが異なれば、腕時計の意匠は異なるものとなる。A社の意匠権が腕時計の全体意匠である場合、その意匠は腕時計本体と腕時計用バンドとで意匠を構成するものであり、全体として類否が判断されるものである。したがって、B社が販売する腕時計本体はAが保有する腕時計に係る意匠の専用品ということはできず、1号には該当しない。

　しかし、A社の腕時計の意匠の評価において「腕時計本体」の意匠が重視される場合（腕時計本体の意匠が独創的である場合）には、腕時計本体は「視覚を通じた美感の創出に不可欠なもの」と評価され、2号に該当する可能性がある。

(2) 部分意匠である場合

　部分意匠においては、腕時計用バンドの形状は特定されていないものと評価される。すなわち、腕時計用バンドの形状が異なっても、腕時計本体部分の意匠が類似すれば、意匠として類似することになる。

　B社が販売する腕時計本体は、A社が保有する腕時計に係る意匠の専用品と評価でき、1号には該当する。

2　B社による「セット」の販売

　B社は、A社の意匠の「腕時計本体」に類似する意匠の「腕時計本体」とA社の意匠の「腕時計用バンド」に類似する意匠の「腕時計用バンド」とをセットにして販売しているのであるから、購入者が組み立てるとA社の「腕時計」の意匠と類似する腕時計が得られる。

　したがって、B社が販売するセットは「専用品」ということができ、1号に該当する。

実務のためのひとこと　

　間接侵害の成否の場面において、部分意匠は強みを発揮することがあります。部分意匠の類否判断においても「全体」を無視することができません。しかし、破線部分の形態は特定されていないために、「専用品」の範囲が拡がることがあります。

契約による実施権

【設題】

　意匠権者Ａは、2020年5月にＢとの間で自己が保有する意匠権について「範囲全部」とする専用実施権の設定契約を締結した。Ａ・Ｂは2022年6月に特許庁長官に対して専用実施権の設定登録申請を行い、2022年11月に設定登録された。

　Ｃは、2020年8月から前記意匠権に係る登録意匠に類似する意匠を実施しているので、2022年に意匠権侵害訴訟が提起された。以下について、訴訟提起時期が専用実施権の設定登録の前後に分けて検討せよ。

(1) 原告が意匠権者Ａである場合、差止請求権、損害賠償請求権はそれぞれどのように扱われるか。

(2) 原告がＢである場合、差止請求権、損害賠償請求権はそれぞれどのように扱われるか（契約締結後のみ検討すればよい）。

参照条文

意匠法

第27条　意匠権者は、その意匠権について専用実施権を設定することができる。ただし、基礎意匠又は関連意匠の意匠権についての専用実施権は、基礎意匠及び全ての関連意匠の意匠権について、同一の者に対して同時に設定する場合に限り、設定することができる。

2　専用実施権者は、設定行為で定めた範囲内において、業としてその登録意匠又はこれに類似する意匠の実施をする権利を専有する。

（以下省略）

第28条　意匠権者は、その意匠権について他人に通常実施権を許諾することができる。

2　通常実施権者は、この法律の規定により又は設定行為で定めた範囲内において、業としてその登録意匠又はこれに類似する意匠の実施をする権利を有する。

（以下省略）

▶ 検討のポイント

☑ 専用実施権の意義
☑ 専用実施権設定後の意匠権者の地位
☑ 通常実施権
☑ 設定登録前の「専用実施権者」の地位

▶ 解説

1 専用実施権

　意匠権者は、その意匠権について専用実施権を設定することができ（27条1項）、専用実施権者は、設定行為で定めた範囲内において、業としてその登録意匠又はこれに類似する意匠の実施をする権利を専有する（同2項）。したがって、専用実施権者には差止請求権、損害賠償請求権が認められており（37条、39条）、意匠権者と同等の保護が図れている。したがって、同一の範囲において二以上の専用実施権を設定することはできない。

　「設定行為」とは通常は契約であるが、遺言による設定も可能である。専用実施権は、意匠権の範囲全部について設定することもできるが、類似の範囲にある特定の意匠のみについて設定することもできる。一般には、時期（設定期間）、場所、内容（特定の意匠に制限したり、特定の実施行為に限定する等）により制限されることになる。これらは設定行為により決定する。専用実施権者といえどもこの範囲を超えた実施行為についての権限はなく、実施すれば意匠権侵害となる。

　なお、基礎意匠又は関連意匠の意匠権においては「基礎意匠又は関連意匠の意匠権についての専用実施権は、基礎意匠及び全ての関連意匠の意匠権について、同一の者に対して同時に設定する場合に限り、設定することができる。」（27条1項ただし書）という制約がある。

　専用実施権は意匠権と同視し得る排他独占権であるから、その存在を第三者に明らかにする公示が必要であり、専用実施権の設定は登録しなければその効力が生じない（27条4項による特許法98条1項2号の準用）。そのために、契約が締結されただけでは専用実施権者の地位を得ることはできない。契約締結後

設定登録がなされるまでの間は、独占的通常実施権が発生しているものと解されている。

2　専用実施権設定後の意匠権者の地位

専用実施権が設定されると、専用実施権者は、設定行為で定めた範囲内において、業としてその登録意匠又はこれに類似する意匠の実施をする権利を専有する。専用実施権者が「専有する」のであるから、意匠権者といえども実施する権利はない。

専用実施権を設定した意匠権者は、自ら実施する権限を持たない。自ら実施するためには、専用実施権者から実施許諾を得なければならない。

実施許諾を得ていない場合、専用実施権を設定した範囲においては意匠権者は自ら実施することはできず、意匠権者としての地位は専用実施権者からの実施料を得るのみである。例えていえば、地上権を設定した地主と同じである。そこで、専用実施権を設定した意匠権者に差止請求権が認められるか、という問題が提起される。

この点については、最判（「生体高分子－リガンド分子の安定複合体構造の探索方法事件」平成17年6月17日裁判所ウェブサイト（平成16年(受)第997号））において「特許権者は、その特許権について専用実施権を設定したときであっても、当該特許権に基づく差止請求権を行使することができると解するのが相当である。」と判示されている。その理由のポイントは、侵害行為により専用実施権者の売上が減少すれば特許権者の得る実施料が減少する、ということである。意匠も同様に解される。

3　通常実施権

意匠権者は、その意匠権について他人に通常実施権を許諾することができ（28条1項）、通常実施権者は……設定行為で定めた範囲内において、業としてその登録意匠又はこれに類似する意匠の実施をする権利を有する（同2項）。

通常実施権者は実施をする権利を「有する」のみであって「専有する」ものではない。「有する」とは「実施しても権利侵害にならない」ということであ

って、独占を意味する「専有する」とは異なる。「専有する」であれば同じ内容の権利は併存し得ないが、「有する」であれば併存可能である。そこで、専用実施権は物権的権利といわれるが、通常実施権は債権である。

通常実施権が債権であり、通常実施権者は実施し得る地位を得るにすぎないという点に着目すると、原則として差止請求権は認められないこととなる。また同じ範囲の通常実施権が重ねて許諾されることも予定されていることを考えると、通常実施権者は独占的実施による利益を得る地位にはないのであって、侵害者に対する損害賠償請求権もないということになろう。したがって、通常実施権者には、差止請求権も損害賠償請求権もないということになる。なお、債権者代位権（民法 423 条）をその根拠として、損害賠償請求権を認める考え、判決例もある。

4　設定登録前の「専用実施権者」の地位

上記の通り、専用実施権の設定登録前においては、専用実施権は発生していないとしても「独占的通常実施権」が許諾されていると位置づけるのが通説である。

ここで問題になるのは、独占的通常実施権者が侵害者に対して差止請求権や損害賠償請求権を持つのか、ということである。損害賠償請求権は認められるようであるが、差止請求権については未だ議論は決着していないと思われる。以下に判決例を紹介する。

損害賠償請求権については、独占的通常実施権者は独占的に実施する権限を有するのであって、第三者の行為は独占的通常実施権者との関係で不法行為を構成するということができる。したがって、損害賠償請求権が認められるということができる（例えば、「ヘアーブラシ事件」大阪高判昭和 61 年 6 月 20 日裁判所ウェブサイト（昭和 59 年（ネ）第 2592 号・第 2648 号）、原審：大阪地判昭和 59 年 12 月 20 日裁判所ウェブサイト（昭和 57 年（ワ）第 7035 号））。

他方、差止請求権については、独占的通常実施権を許諾した意匠権者は、独占性を担保するために第三者の妨害排除義務を負う。したがって、独占的通常実施権者は債権者代位（民法 423 条）により差止請求権を行使することができ

ると考えることもできる。判決例は肯定・否定双方が存在する（「蕎麦麺の製造方法事件」東京地判平成14年10月3日裁判所ウェブサイト（平成12年(ワ)第17298号）は肯定し、上掲「ヘアーブラシ事件」判決は否定）。

▶ 設題の検討

1　原告が意匠権者Aである場合

　専用実施権を設定している意匠権者であっても、差止請求権は保有している。したがって、専用実施権契約の締結の前後を問わず、意匠権者Aが提訴した侵害事件においては、差止請求と損害賠償請求の双方共に請求が認容される。

2　原告がBである場合

(1)　専用実施権の設定登録前

　訴訟提起時にBは専用実施権者ではない。

　専用実施権の設定登録がされていないので、Bは専用実施権者ではなく独占的通常実施権者に止まる。したがって、固有の差止請求権はもたない。そして、債権者代位を認めるか否かについて判決例は分かれている。よって、Bの差止請求は認められない可能性もある。損害賠償請求については、独占的地位を根拠として認められることとなろう。

(2)　専用実施権の設定登録後

　Bは、専用実施権者として、差止請求権、損害賠償請求権を保有している。したがって、専用実施権者Bが提訴した侵害事件においては、差止請求と損害賠償請求の双方共に請求が認容される。

実務のためのひとこと

　現在、通常実施権は登録原簿に登録されていません。このことが、通常実施権者の権限に影響するのかどうか、見守る必要があるでしょう。

Chapter 6

他人の権利との調整は
どのようになされるのか

　この章では、意匠権と他人の権利との調整について考えます。

　意匠権者は、業として登録意匠及びこれに類似する意匠の実施をする権利を専有します（23条）。他方で、他人の権利との調整を図るために、意匠法では利用・抵触関係が広範に規定され、登録意匠の実施が制限されていること（26条）が重要です。

　まず、意匠権同士の抵触。何故このようなことが生じるのか、よく理解してください。意匠の登録要件において出願意匠が先登録意匠や公知意匠に類似する場合は拒絶されますが、出願意匠の類似範囲が先登録意匠の類似範囲と重なる場合は拒絶理由に該当せず、登録されます。意匠法は登録意匠の「類似範囲」同士が重なること（権利の抵触）を予定しており、専用権が重なり合う場合が生じます。類似範囲には使用権を認めずに禁止権のみを認めて、混同を防止するための緩衝地帯としている商標権との構造上の違いを認識してください。

　次に、特許権（発明）・実用新案権（考案）、商標権、著作権との関係。これらとの調整が必要な理由は、意匠の多面性にあります。Chapter 2 で解説したように、意匠は発明・考案として把握することができる場合があります。また、意匠の構成要素に商標や著作物を取り込んだものもあります。そして、意匠が市場において商品や役務の識別標識として機能する場合もあります。

　そこで、意匠法には広範な利用・抵触の規定が置かれているのであり、26条は意匠法の理解において極めて重要な規定ということができます。

　第三者の自由実施との調整という観点からは、意匠法独自の規定である先出願による通常実施権（29条の2）を見落とすことはできません。公知意匠に類似するという理由で拒絶された意匠に類似する意匠が登録される場合がある、という意匠法の構造があります。先願意匠の出願人がその意匠を実施していると、意匠権侵害に問われるおそれが生じるのです。先使用権で対抗できる場合もあるでしょうが、対抗できない事態もあります。これを調整するのが、先出願による通常実施権です。

【設題】

　鞄メーカーＡ社は、物品「手提げ鞄」に係る意匠（意匠Ｘ）について 2023 年 8 月 1 日に、形状のみを特定した意匠として意匠登録出願し、2024 年 2 月 10 日に意匠登録された。鞄メーカーＢ社は、物品「手提げ鞄」に係る意匠（意匠Ｙ）について 2023 年 11 月 5 日に、形状のみを特定した意匠として意匠登録出願し、2024 年 6 月 10 日に意匠登録された。

　その後、Ｂ社は、意匠Ｙを、その類似範囲で形状を改変した意匠Ｙ1 と、意匠Ｙ1 に模様を付した意匠Ｙ2 を製品化して発売した。

　Ａ社はＢ社に対して、Ｂ社が販売する意匠Ｙ1、意匠Ｙ2 は意匠Ｘの意匠権を侵害するものであるとの警告書を発送した。

　Ａ社の主張の根拠を検討せよ。なお、登録意匠Ｘ、Ｙはいずれも全体意匠、意匠Ｙ1、Ｙ2 は未登録、意匠Ｘ、Ｙの登録に無効理由はないものとする。

参照条文

意匠法

第26条　意匠権者、専用実施権者又は通常実施権者は、その登録意匠がその意匠登録出願の日前の出願に係る他人の登録意匠若しくはこれに類似する意匠（中略）を利用するものであるとき（中略）は、業としてその登録意匠の実施をすることができない。

2　意匠権者、専用実施権者又は通常実施権者は、その登録意匠に類似する意匠がその意匠登録出願の日前の出願に係る他人の登録意匠若しくはこれに類似する意匠（中略）を利用するものであるとき、又はその意匠権のうち登録意匠に類似する意匠に係る部分がその意匠登録出願の日前の出願に係る他人の意匠権（中略）と抵触するときは、業としてその登録意匠に類似する意匠の実施をすることができない。

▶ 検討のポイント

☑　利用・抵触
☑　26条による実施の制限
☑　意匠の利用とは
☑　登録意匠に類似する意匠と他人の意匠権との抵触

▶ 解説

1　利用・抵触

「利用」「抵触」という用語について整理する。

「利用」とは、意匠、発明、実用新案という創作を自己の創作の中に取り込むことをいい、「ある意匠がその構成要素の中に他の登録意匠又はこれに類似する意匠の全部を、その特徴を破壊することなく、他の構成要素と区別しうる態様において包含し、この部分と他の構成要素との結合により全体としては他の登録意匠とは非類似の一個の意匠をなしているが、この意匠を実施すると必然的に他の登録意匠を実施する関係にある場合」（「学習机事件」大阪地判昭和46年12月22日裁判所ウェブサイト（昭和45年（ワ）第507号）。Unit 27参照）であると判示されている。

そこで、条文においては「登録意匠が……意匠、特許発明若しくは登録実用新案を利用するものであるとき」というように保護の対象となる成果物について規定している。

「抵触」とは、権利同士の重なり合いであり、一方を実施すると他方も実施することになる関係をいう。そこで、条文においては「意匠権……が……意匠権、特許権、実用新案権……と抵触するとき」というように権利について規定している。

2　26条の構成

意匠権者は、業として登録意匠及びこれに類似する意匠の実施をする権利を専有する（23条）。しかし、登録意匠同士で利用・抵触の関係が生じることが

あるので、先願優位の原則に基づいて26条で調整している。すなわち、利用・抵触の関係にある場合は、その意匠を実施することができず、実施をすれば先願の意匠権の侵害になる。

　26条は、1項において「登録意匠」の実施の制限を、2項において「登録意匠に類似する意匠」の実施の制限を規定している。登録意匠の意匠権が他人の登録意匠の意匠権と抵触することは想定できないので（9条）、1項では「利用」のみが規定され、「抵触」に関する規定はない。他方、登録意匠に類似する意匠は他人の登録意匠に類似する意匠と重なり合うこと（権利の抵触）が想定されるので、2項では「利用」と「抵触」の双方が規定されている。

　「意匠権のうち登録意匠に類似する意匠に係る部分がその意匠登録出願の日前の出願に係る他人の意匠権……と抵触するとき」とは、二つの登録意匠の類似範囲が重なり合う場合、出願が後である意匠権者はその重複する部分について実施をすることができない旨の規定である。

　本条に該当する場合には、実施権の許諾を受けなければならない。権利者が通常実施権を許諾しない場合には、特許庁長官の裁定を請求できる（33条）。

3　意匠の利用

　意匠の利用とは、ある意匠がその構成要素中に他の登録意匠又はこれに類似する意匠の全部を、その特徴を破壊することなく、他の構成要素と区別し得る態様で包含していることをいう。「ある意匠」は「他の登録意匠又はこれに類似する意匠」に依拠して成立しているということができるので、「ある意匠」の実施を制限している。

　逐条解説では、他人がハンドルの意匠について意匠権を有する場合において、そのハンドルを用いた自転車の意匠について意匠登録を受けたような場合が例示されている。自転車の意匠はハンドルの意匠を利用するものであるから、自転車の意匠の意匠権者は、その意匠を実施するためにはハンドルの意匠の意匠権者の許諾を得なければならない。

　本条は登録意匠同士の関係を規定しているが、利用関係は、登録意匠と未登録意匠との間でも成立するものとされている（上掲「学習机事件」）。本条は、

先願意匠の保護を確認した規定であると考えられるので、当然のことである。

　26条の規定がなくとも、先願意匠と利用・抵触の関係にある意匠は、先願意匠の意匠権を侵害するものと考えるべきであろう（Unit 27参照）。

▶ 設題の検討

1　各意匠の関係の整理

- 意匠Xは意匠Yの先願であり、意匠Xと意匠Yとは非類似である。
- 意匠Xと意匠Yとは、類似範囲において重複している可能性がある。
- 意匠Y1が意匠Xの類似範囲の意匠である場合、抵触関係にある。
- 意匠Y1に模様を付した意匠Y2は、意匠Xに類似する可能性、意匠Xに類似する意匠を利用するものである可能性がある。

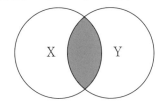

2　A社の主張の根拠

(1) 意匠Y1について

　B社としては、意匠Yの登録を受けているので、それに類似する範囲での改変は問題ないと考えたのであろう。しかし、自己の登録意匠に類似する意匠であっても、それが他人の先願に係る登録意匠に類似する場合（権利の抵触）は、先願優位の原則により実施をすることができない。先願の意匠権を侵害することになる。

　したがって、意匠Y1が、意匠Yの先願である意匠Xに類似する場合、A社はB社に対して、意匠Y1は意匠Xに係る意匠権を侵害するものであると主張することができる。

(2) 意匠 Y2 について

　意匠 Y1 に模様を付した意匠 Y2 において、鞄の形状とそれに付された模様とは、渾然一体となることはなく、区別して認識することができる。すなわち、意匠 Y2 には、意匠 X に類似する意匠の全部が、その特徴を破壊することなく、他の構成要素（模様）と区別し得る態様で包含されている。したがって、意匠 Y1 が意匠 X に類似する場合、意匠 Y2 は、意匠 X に類似する意匠を利用する関係にある。

　したがって、意匠 Y1 が意匠 X に類似する場合、A 社は B 社に対して、意匠 Y2 は意匠 X を利用する意匠であり、意匠 X に係る意匠権を侵害するものであると主張することができる。

　なお、形状のみを特定した意匠の解釈については、「形状だけの意匠において余白の部分は、模様、色彩の限定はないと解するのが相当である。」と判示した判決例がある（「手提袋事件」千葉地判昭和 55 年 1 月 28 日判例集未登載（昭和 52 年（ヨ）第 253 号））。

実務のためのひとこと

　意匠登録を受けると、類似の範囲における他人の意匠権侵害への配慮は薄れがちになります。また、他人の登録意匠と利用関係にある意匠は、他人の登録意匠とは非類似であるから登録され、利用するものであることを知らない場合もあるでしょう。

　登録査定時に通知される参考文献を確認することで、このようなリスクを少しでも減らすことができます。

他の権利との利用・抵触（著作権）

【設題】

　衣料品メーカーＡ社は胸の部分に恐竜の図柄を大きく表したＴシャツの意匠Ｘについて、意匠登録を保有している。

　漫画家Ｂは、Ａ社が製造販売するＴシャツに表された恐竜の図柄が自己の著作に係る漫画に描かれた恐竜の絵と酷似しているとして、著作権侵害であると主張した。

　Ａ社とＢとの法律関係を意匠法 26 条に関して検討せよ。

参照条文

意匠法

第 26 条　意匠権者、専用実施権者又は通常実施権者は、その登録意匠がその意匠登録出願の日前の出願に係る他人の登録意匠若しくはこれに類似する意匠、特許発明若しくは登録実用新案を利用するものであるとき、又はその意匠権のうち登録意匠に係る部分がその意匠登録出願の日前の出願に係る他人の特許権、実用新案権若しくは商標権若しくはその意匠登録出願の日前に生じた他人の著作権と抵触するときは、業としてその登録意匠の実施をすることができない。

2　意匠権者、専用実施権者又は通常実施権者は、その登録意匠に類似する意匠がその意匠登録出願の日前の出願に係る他人の登録意匠若しくはこれに類似する意匠、特許発明若しくは登録実用新案を利用するものであるとき、又はその意匠権のうち登録意匠に類似する意匠に係る部分がその意匠登録出願の日前の出願に係る他人の意匠権、特許権、実用新案権若しくは商標権若しくはその意匠登録出願の日前に生じた他人の著作権と抵触するときは、業としてその登録意匠に類似する意匠の実施をすることができない。

▶ 検討のポイント

- ☑　意匠権と他の権利との利用・抵触
- ☑　著作権との抵触とは
- ☑　Ａの行為はＢの著作権を侵害するか

▶ 解説

1　意匠権と他の権利との利用・抵触

　登録意匠又はこれに類似する意匠との関係で「利用」関係が規定されている
ものは、意匠以外では、登録意匠の出願前に出願された他人の特許発明、登録
実用新案である。商標、著作物との関係では利用の規定はない。商標は創作物
ではないので利用は考えられず、意匠の構成要素に商標が含まれる場合は、商
標権との抵触と評価され（Unit 32 参照）、著作物に関しては、意匠の構成要素
に著作物が含まれる場合は著作物の複製にあたり著作権との抵触と評価される
（二次的著作物（翻案）であるとしても著作権法 28 条）ためである。

　意匠権との関係で権利の「抵触」が規定されているものは、意匠権以外では
登録意匠の出願前に出願された他人の特許権、実用新案権、商標権、そして意
匠登録出願の日前に生じた他人の著作権である。

　意匠権と特許権・実用新案権との抵触とは、登録意匠又はこれに類似する意
匠を実施すると他人の特許発明等を実施することになる関係である。意匠と発
明とは共に創作物であって、同じ対象を技術的な観点からは特許権を取得し、
美感の観点から意匠権を取得することが可能であるから、両者は抵触関係が生
じ得ることになる。

　条文上、利用と抵触を分けて規定しているが、実施行為に着目すると、両者
を分けて考える意義はないと思われる。

　意匠権と商標権との抵触においては、登録意匠の実施が他人の商標権の指定
商品・指定役務との関係において「自他商品の識別標識」としての機能を果た
している場合に限り、抵触関係が成立する。意匠に商標として登録された図形
などが表されていることのみによって抵触関係が成立するものではない。

　意匠権と著作権との抵触においては、著作権は模倣排除権であるから、著作

権侵害が成立するためにはアクセスが要求される。意匠の創作に際して著作物へのアクセスがあった場合に限り、抵触関係が成立するのであって、意匠に著作物と同一性のある模様などが表されていることのみによって抵触関係が成立するものではない。

　他人の権利との関係で利用・抵触が生じる場合は、権利侵害となり、自己の登録意匠又はこれに類似する意匠を実施することができない。

2　著作権との抵触

　著作権者は、その著作物を複製する権利を専有する（著作権法 21 条）。したがって、本件において著作権侵害が成立するためには、意匠の創作者が B の図柄にアクセスしたことと、T シャツの図柄が B の著作物の複製又は翻案（著作権法 27 条、28 条）であることが要件となる。

　著作物の複製とは、「既存の著作物に依拠し、その内容及び形式を覚知させるに足りるものを再製すること」（「ワン・レイニー・ナイト・イン・トーキョー事件」最判昭和 53 年 9 月 7 日裁判所ウェブサイト（昭和 50 年(オ)第 324 号））をいい、翻案とは、「既存の著作物に依拠し、かつ、その表現上の本質的な特徴の同一性を維持しつつ、具体的表現に修正、増減、変更等を加えて、新たに思想又は感情を創作的に表現することにより、これに接する者が既存の著作物の表現上の本質的な特徴を直接感得することのできる別の著作物を創作する行為をいう。」（「ブダペスト悲歌事件」最判平成 13 年 6 月 28 日裁判所ウェブサイト（平成 11 年(受)第 922 号））と解されている。

(1)　著作物へのアクセス

　意匠法 26 条は著作権との抵触の要件として、意匠登録出願が著作権の発生よりも後であることを要件としている。

　著作権が模倣排除権であることから、著作物へのアクセスが不可欠の要件である。著作権は著作物の創作により自動的に発生する（著作権法 17 条 2 項、51 条 1 項）。すなわち、著作権が発生する前は著作物が創作されていない。創作されていない著作物にアクセスすることはできない。

　要するに、著作権が発生する前に出願された意匠の創作において、著作物にアクセスすることは不可能であり、結果、著作権侵害が生ずる余地がないのである。当然のことを念のために規定したものといえる。

(2) 著作物との同一性

　著作物の複製とされるためには、原著作物と複製物との間に同一性が認められなければならない。同一性が認められるためには、両者が完全に一致する必要はなく、若干の変更がされていても、原著作物との間に著作物としての類似性が認められれば足りる。例えば、「たいやきくん」の絵（美術の著作物）を立体的なぬいぐるみに変形した事例においても「複製」と認定されている（東京地判昭和 52 年 3 月 30 日判例集未登載（昭和 51 年(ワ)第 3895 号））。

　なお、変更の程度が大きく新たな創作と認められる場合であっても、そこから原著作物が想起される場合は翻案（二次的著作物）として扱われ、原著作物の著作者の権利が及ぶ（著作権法 27 条、28 条）のであり、抵触を考える場合には、複製か翻案かは厳格に区別する必要はないと言える。

(3) 裁判例

　包装箱の意匠における著作権との抵触の事例として、「パンシロントリム事件」（大阪地判平成 11 年 7 月 8 日裁判所ウェブサイト（平成 9 年(ワ)第 3805 号））を紹介する。

　本件は、被告が商品「パンシロントリム」の包装箱に被告図柄を使用する行為が、原告が保有する著作権を侵害するものと判断された事案である。裁判所は、被告図柄と原告著作物 C に描かれている男性の図柄の間には、丸い山高帽をかぶった男性が立っている点、顔から鼻頭にかけて直線的な稜線を有することを特徴とする横顔が描かれている点などで共通しており、そこには原告著作物 C の創作的表現が再生されているものというべきであるから、被告図柄においては右原告著作物 C の内容及び形式を覚知させるに足るものを再生していると認められるとして、原告の複製権を侵害したものと認定している。

原告著作物

被告図柄

出典：判決

▶ 設題の検討

1　漫画の絵は著作物か

　著作権侵害が成立するためには、Ｂの漫画が著作権で保護される著作物でなければならない。漫画の絵はそれ自体「思想又は感情を創作的に表現したもの」であるから、著作物であり、著作権法 10 条 1 項 4 号に掲げられた「美術の著作物」に含まれる。

2　著作権発生の時期

　Ｂの著作権の発生時期（著作の時期）がＡ社による意匠出願の後であれば、Ａ社はＢの著作物にアクセスしたことはあり得ず、Ａ社の行為はＢの著作物の複製であることはない。著作権侵害は成立せず、Ａ社はその意匠を実施することができる。

3　アクセスの有無

　Ｂの著作権の発生時期（著作の時期）がＡ社による意匠出願の前であれば、Ａ社がＢの著作物にアクセスしていたかどうかで著作権侵害の成否が分かれる。アクセスしていなければ、たとえ絵が酷似していても、著作権侵害は成立しない。この点が模倣排除権である著作権と、偶然の一致であっても侵害が成立する排他的絶対権である産業財産権との根本的な相違である。

4　同一性

著作物の複製とは、著作物に依拠し、これと同一性のあるものを再製することをいう。著作権侵害の判断においては、翻案を含めて「類似」という観点で評価されることが多いようである。

5　むすび

以上のとおりであるから、A 社が T シャツの意匠の創作に際して、B の漫画にアクセスし、これに依拠して恐竜の図柄を作成し、その結果 T シャツの図柄が B の漫画の絵と同一性のあるものであった場合は、著作権侵害が成立することとなる。他方、上記何れかの要件が欠けている場合は、著作権侵害は成立しない。

実務のためのひとこと

　デザイナーから提案された意匠に「美術の著作物」が含まれている場合、自ら他人の著作権を侵害しないよう調査し、場合によっては使用許諾を得る措置を講じる注意義務を負っているというべきである（「パンシロントリム事件」判決）とされています。
　また、技術的な開発が行われたとき、「特許は無理そうだから意匠登録」という判断がされる場合があります。そのとき、他人が特許を取得している可能性があることを忘れてはなりません。特許出願をしないとしても、調査は必要という場合があるのです。

他の権利との利用・抵触（商標権）

【設題】

　化粧品メーカー A 社は、自社のデザイナーが開発した化粧品の瓶の意匠 X について、意匠登録を保有し、意匠 X に係る瓶に化粧品を包装して販売している。他方容器メーカー B 社は、自社が製造販売する包装用瓶の形状について、指定商品を「包装用瓶」とする立体商標 Y の登録を保有している。

　意匠 X の出願日は 2022 年 1 月、商標 Y の出願日は 2021 年 10 月であった。

　B 社は意匠 X が商標 Y に類似するものであると考え、商標権に基づき A 社に対して意匠 X の実施の差止めを求めた。

　A 社、B 社の権利関係を検討せよ。なお、各権利の有効性についての検討は不要である。

参照条文

意匠法

第 26 条　意匠権者、専用実施権者又は通常実施権者は、（中略）その意匠権のうち登録意匠に係る部分がその意匠登録出願の日前の出願に係る他人の（中略）商標権（中略）と抵触するときは、業としてその登録意匠の実施をすることができない。

2　意匠権者、専用実施権者又は通常実施権者は、（中略）その意匠権のうち登録意匠に類似する意匠に係る部分がその意匠登録出願の日前の出願に係る他人の（中略）商標権（中略）と抵触するときは、業としてその登録意匠に類似する意匠の実施をすることができない。

▶ 検討のポイント

☑　26 条における「商標」の扱い

☑　意匠権と商標権とが抵触する場面

▶ 解説

1　26 条における「商標」の扱い

　意匠法 26 条は、1 項において意匠権のうち登録意匠に係る部分と商標権との抵触を、2 項において意匠権のうち登録意匠に類似する意匠に係る部分と商標権との抵触を規定し、それぞれ抵触する部分に関しては業としてその登録意匠又は登録意匠に類似する意匠の実施をできない旨を規定する。

　ここで、「商標」との関係については利用の規定はなく抵触のみが規定されている。この点について「商標は創作物でないから」という説明がされている（Unit 31 参照）。

　さて、意匠法において商標権との抵触を規定した趣旨は、意匠の構成要素として他人の商標が含まれている場合に、その意匠の実施を自由に認めるならば他人との間に出所の混同が生じ、先願商標権者の利益が確保できなくなるからである。商標を「創作物」と評価したものではない。したがって、意匠権と商標権との抵触が生ずるとされるためには、他人の商標が当該意匠の中で商品の出所を表示する識別標識として機能していることが必要である。

　識別標識として機能しているか否かに関しては、取引の実状に基づいて判断される。

2　意匠権と商標権とが抵触する場面

　意匠権と商標権とが抵触する、というためには、登録意匠又は類似する意匠の実施が登録商標の、その指定商品についての使用になることである。具体的には、意匠の形状又は模様としてに登録商標が含まれており、その意匠の実施が対応する商標の指定商品についての商標の使用と重なる場合である。

　以下、二つの裁判例を紹介する。

　ポパイアンダーシャツ事件（大阪地判昭和 51 年 2 月 24 日裁判所ウェブサイト（昭和 49 年（ワ）第 393 号））は、下掲被告製品の模様に示す模様を T シャツの胸に大きく現した被告製品について、次のように判示して商標権侵害（商標権との抵触）を否定している。

　すなわち、「漫画に関する図柄、文字等をアンダーシヤツの胸部などの中央に大きく表示するのは、商標としてその機能を強力に発揮せしめるためではなく、需要者が右表示の図柄が嗜好ないし趣味感に合うことを期待しその商品の購買意欲を喚起させることを目的とするものと解」せられ、したがって一般顧客が「右の表示をその表示が附された商品の製造源あるいは出所を知りありるいは確認する目じるしと判断するとは到底解せられない」から、その表示の「使用行為は客観的にみても商標の本質的機能である自他商品の識別機能及び商品の品質保証機能を有せず、また、主観的意図からしても商品の出所を表示する目的をもつて表示されたものではないものというべきである」と判示する。

原告登録商標（商標登録第 536992 号）　　　被告製品の模様

　他方、ルイ・ヴィトン事件（最判昭和 63 年 1 月 19 日判例集未登載（昭和 62 年（オ）第 1298 号）、一審：大阪地判昭和 62 年 3 月 18 日裁判所ウェブサイト（昭和 61 年（ワ）第 4147 号））は、原告が保有する登録商標（指定商品：かばん類他）と同一のものを使用し素材、色、デザイン等も細部に至るまで原告の商品に酷似したかばん類を販売した事案において、「商標と意匠とは排他的、択一的な関係にあるものではなくして、意匠となりうる模様等であつても、それが自他識別機能を有する標章として使用されている限り、商標としての使用がなされているものというべき」とした地裁判決を支持し、商標権侵害（商標権との抵触）を肯定している。

　原告登録商標は次頁に掲載。

原告登録商標

▶ 設題の検討

1　意匠の実施行為

　瓶の意匠の実施行為とは、登録意匠又はこれに類似する意匠に係る瓶を製造し、使用し、譲渡し、貸し渡し、輸出若しくは輸入し、又はその譲渡若しくは貸渡しの申出をする行為をいう（2条2項1号）。

　A 社は意匠 X を実施した瓶に化粧品を包装して販売しているのであるから、A 社は意匠 X を実施している。設題ではこの行為が B 社の商標権を侵害するかが問われることとなる。そこで、A 社の行為を商標の使用という側面から検討することが必要となる。

2　商標の使用

　商標の使用とは、商品又は商品の包装に標章を付す行為（商標法2条3項1号）、商品又は商品の包装に標章を付したものを譲渡し、引き渡し、譲渡若しくは引渡しのために展示し、輸出し、輸入し、又は電気通信回線を通じて提供する行為（同2号）などである。この規定に A 社の行為を当てはめると、A 社は商品「化粧品」の包装に標章を付し、これを譲渡等している（瓶を立体商標としてみるとこのように位置づけることができる）。

　したがって、A 社の行為は商標法2条3項1号に規定する、商標の使用行為に該当することとなる。

　しかしながら、商標権に基づいて他人の使用を排除し得る範囲は、登録商標

又はこれに類似する商標をその指定商品又はこれに類似する商品に使用等する行為に限られる（商標法25条、37条）。

　A社が販売する商品は「化粧品」であり、B社の登録商標の指定商品は「包装用瓶」である。「化粧品」と「包装用瓶」とは、原材料、生産者、販売者、需要者の何れにおいても共通性がなく明らかに非類似の商品である。

　そうすると、A社の行為はB社の商標権と抵触するものではなく、B社商標権を侵害するものではない。

　付言すると、A社が包装用瓶をC社から仕入れて使用している場合、C社は商品「包装用瓶」を販売しているということができ、B社の商標権を侵害していると位置づけられる余地もある（C社からA社への取引関係により商品性の解釈が分かれることとなろう）。

実務のためのひとこと

　意匠と立体商標との関係は悩むことが多いでしょう。立体商標の登録には周知性が要求されることを考えると、意匠登録によりその形態を独占し、周知化を図り、その後に立体商標として権利を継続することになると思います。

先出願による通常実施権

【設題】

　A社は 2020 年 2 月 1 日に携帯電話機に係る意匠 X1（全体意匠）を意匠登録出願したところ、意匠法 3 条の規定に該当することを理由に拒絶査定を受け、2021 年 1 月 20 日にこの査定が確定した。また、A社は 2020 年 12 月にこの意匠 X1 の製造・販売を開始し、その後 2023 年 2 月に A社は意匠 X1 の製造・販売を中止し、B社が A社から引き継いで 2023 年 3 月から X1 に類似する意匠 X2 の製造・販売を行った。

　C社は 2020 年 10 月 30 日に携帯電話機に係る意匠 Y（全体意匠）を意匠登録出願し、2021 年 6 月 1 日に意匠登録を受けた。

　A社の実施意匠 X1、B社の実施意匠 X2 はともに C社の登録意匠 Y に類似するものと考えた C社は、A社に対して損害賠償を、B社に対して製造販売の差止め及び損害賠償を求めた。C社の請求は認められるか。なお、登録意匠 Y には無効事由はないものとする。

参照条文

意匠法

第 29 条の 2　意匠登録出願に係る意匠を知らないで自らその意匠若しくはこれに類似する意匠の創作をし、又は意匠登録出願に係る意匠を知らないでその意匠若しくはこれに類似する意匠の創作をした者から知得して、意匠権の設定の登録の際現に日本国内においてその意匠又はこれに類似する意匠の実施である事業をしている者又はその事業の準備をしている者（前条に該当する者を除く。）は、次の各号のいずれにも該当する場合に限り、その実施又は準備をしている意匠及び事業の目的の範囲内において、その意匠登録出願に係る意匠権について通常実施権を有する。

一　その意匠登録出願の日前に、自らその意匠又はこれに類似する意匠について意匠登録出願をし、当該意匠登録出願に係る意匠の実施である事業をしている者又はその事業の準備をしている者であること。

二　前号の自らした意匠登録出願について、その意匠登録出願に係る意匠が

第3条第1項各号の一に該当し、拒絶をすべき旨の査定又は審決が確定した者であること。

▶ 検討のポイント

- ☑ 他人の意匠を知らないこと
- ☑ 他人の出願前の出願
- ☑ 3条1項各号に該当することによる拒絶の確定
- ☑ 他人の意匠権の設定登録時における実施又は準備

▶ 解説

1　先出願による通常実施権の趣旨

　先出願による通常実施権（29条の2）の趣旨は、一言で言うと、平成10年改正により拒絶確定出願が9条における先願として扱われなくなったことに伴う、拒絶確定出願人と後願意匠権者との利害関係の調整である。意匠権の効力が登録意匠に類似する意匠にまで及ぶことに起因する意匠法独自の規定である。特許法においても拒絶査定先願について同様の改正が行われたが、特許法には対応する規定は設けられていない。

　拒絶確定先願に後願排除効が認められていたときは、拒絶査定が確定した出願の意匠と類似する後願の意匠は、9条により拒絶されていた。そのために拒絶査定が確定した意匠の実施が、後願の他人の意匠権の効力範囲に含まれることはなかった。

　しかし、拒絶確定先願に後願排除効が認められなくなると、自己の拒絶確定先願の意匠に類似する後願の意匠が登録される場合が生じる。意匠権は登録意匠に類似する意匠に及ぶので、拒絶査定が確定した意匠の実施が、後願の他人の意匠権の効力範囲に含まれるおそれが生じる。

　そこで、先願の出願人（実施者）と後願権利者との利害を公平の見地から調整するものとして、先出願による通常実施権が規定された。先使用による通常実施権（29条）との違いは、自己の出願を要件とすること、実施の基準時期が「出願時」ではなく「登録時」であることである。二つの実施権の双方を満たす場合もあることから「前条に該当する者を除く」と規定し、29条が優先さ

れるものとしている。この通常実施権は、29条の先使用による通常実施権と同様に意匠権に対する抗弁権である。

29条の2の要件は次の通りである。

① 他人の意匠を知らないこと（知得のルート）

② 他人の出願日前の出願

③ 3条1項各号に該当することによる拒絶の確定

④ 他人の意匠権の設定登録時における実施又は準備

2　他人の意匠を知らないこと

先出願による通常実施権の主体的要件として、「意匠登録出願に係る意匠を知らないで自らその意匠若しくはこれに類似する意匠の創作をし、又は意匠登録出願に係る意匠を知らないでその意匠若しくはこれに類似する意匠の創作をした者から知得して、」と規定する。29条と同じ規定である。

すなわち、意匠権が設定された意匠とは無関係に独立して創作された意匠の創作者又はその創作者から知得した者であることが要件とされている。

3　自己の意匠登録出願

他人の意匠登録出願日前に、自己の意匠登録出願を行い、その出願に係る意匠が3条1項各号の一に該当し、拒絶をすべき旨の査定又は審決が確定した者であることが要件とされている。

この規定の読み方であるが、前段「意匠登録出願に係る意匠が第3条第1項各号の一に該当し」と後段「拒絶をすべき旨の査定又は審決が確定」とは別個の要件と解される。逐条解説に「自らが意匠登録出願した意匠について拒絶査定又は審決が確定しており、かつ、その意匠が客観的に3条1項各号……の一に該当していなければならない。」（同1328頁。下線筆者）と書かれているのはこの趣旨であろう。

すなわち、当該意匠登録出願が3条1項各号に該当することを理由に拒絶された場合に限られず、他の規定（例えば3条2項）によって拒絶された場合で

あっても、出願に係る意匠が客観的に出願前公知の意匠と同一又は類似と認められるものであれば、上記要件を満たすものと解される。

　出願前公知意匠は、登録意匠（権利の存続、消滅を問わない）、未登録公知意匠いずれでもよい。いかなる意匠との関係であろうとも、出願前公知意匠との関係で出願意匠 X1 が 3 条 1 項各号の一に該当するものであれば、要件を満たすこととなる。

　逐条解説には「29 条の 2 第 1 号に該当する場合としては、他人の意匠権が存する意匠と同一又は類似する場合もあり得るが、このような場合に、意匠権者の許諾を得ることなく実施等をしたときは、後願に係る意匠権の通常実施権の当否を論じるまでもなくその意匠権の侵害を構成することから、実際には意匠権の設定登録がされていない（中略）意匠又はこれに類似する意匠に限られることとなる。」（同 1329 頁）と説明されている。

4　他人の意匠権の設定登録時における実施又は準備

　29 条の 2 は「意匠権の設定の登録の際現に日本国内においてその意匠又はこれに類似する意匠の実施である事業をしている者又はその事業の準備をしている者（前条に該当する者を除く。）」であることを要件とする。29 条における「意匠登録出願の際」が「意匠権の設定の登録の際」とされている以外、29 条と同じ規定である。

　「事業の準備」は物的、人的を問わない。準備の有無は諸般の状況を総合して判断されるものである。特許の事案であるが、最終設計仕様書の作成の事実をもって「実施の準備」を認めた事案（「ウオーキングビーム事件」最判昭和 61年 10 月 3 日裁判所ウェブサイト（昭和 61 年（オ）第 454 号））がある。

　日本国内での実施又は準備が要件とされているので、外国での実施のみであれば要件を満たすことはなく、本条の通常実施権は認められないこととなる。

▶ 設題の検討

1　他人の意匠を知らないこと

　A 社の出願意匠 X1 は C 社の出願意匠 X3 と別個独立に創作されたものであることが必要であり、かつ A 社は自ら意匠 X1 を創作したものであるか意匠 X1 の創作者から知得した者でなければならない。

　もし、A 社と C 社とが A 社による意匠 X1 の出願前に携帯電話機の意匠を共同で開発していた事実があれば、意匠 X1 は C 社の出願意匠 X3 との関係で独自創作性が否定されることも考えられる。

2　自己の意匠登録出願

　A 社は、C 社の意匠登録出願前に意匠登録出願をし、3 条に該当するものとして拒絶査定が確定している。設題においては 3 条 1 項各号とはされていない。本条における「3 条 1 項各号に該当」とは、拒絶の理由が 3 条 1 項各号であることを要求するものではないと解される。

　したがって、意匠 X1 に係る意匠出願の拒絶の理由が 3 条 1 項各号でなくとも、要件を満たす場合はあり得る。

　先出願による通常実施権の有無は侵害訴訟の場で争われるものである。そこで、A 社の出願が 3 条 1 項各号に該当するとして拒絶されたものである場合には、A 社は出願における拒絶理由通知書、拒絶査定謄本、引用意匠を証拠として提出することにより、この要件を満たすことを主張、立証することになろう。

　他方、3 条 2 項に該当するとして拒絶された場合は、出願意匠 X1 に類似する出願前公知意匠を探し出して、3 条 1 項各号に該当することを主張、立証することとなろう。

3　登録意匠との類否

　意匠 X1、X2 が意匠 Y に類似しない場合は、本条の適用を待つまでもなく、

意匠権侵害は成立しない。

　A社が製造販売した意匠X1が意匠Yに類似する場合は、A社が本条の要件を満たすならば先出願による通常実施権を主張することができ、C社の請求は認められない。

　B社が製造・販売する意匠X2が意匠Yに類似する場合はどうであろうか。

4　A社に先出願による通常実施権が認められるとした場合、B社もこれを主張することができるか

　先出願による通常実施権は、実施の事業とともにする場合、意匠権者の承諾を得た場合、相続その他の一般承継による場合に限り移転することができる（34条1項）。設題において、A社、B社が通常実施権の移転についてC社の許諾を得ているとは考えられない。そこで、A社が実施を中止しB社が実施を開始した際に、A社からB社への一般承継又は事業の移転があったのかどうかが問題となる。

　例えば、A社が組織変更によりB社になった場合、A社が他社と合併してB社になった場合であれば、一般承継としてA社の実施権はB社に移転する。また、A社が意匠X1の事業部門をB社に売却したような場合は、「実施の事業とともに」に該当し、A社の実施権はB社に移転する。

　しかし、A社による実施中止を知ったB社が独自に意匠X2の実施を開始した場合には、A社による実施中止により実施権は消滅し、B社はこれを主張することはできない。

● 参考判決例 ●

• 「ウオーキングビーム事件」（最判昭和61年10月3日裁判所ウェブサイト（昭和61年（オ）第454号））
「発明の実施である『事業の準備』とは、特許出願に係る発明の内容を知らないでこれと同じ内容の発明をした者又はこの者から知得した者が、その発明につき、いまだ事業の実施の段階には至らないものの、即時実施の意図を有しており、かつ、その即時実施の意図が客観的に認識される態様、程度において表明されていることを意味すると解するのが相当である。」

実務のためのひとこと

　　意匠においては、意匠の実施前に調査を行っても、調査で発見されなかった意匠が後日登録される場合が珍しくありません。自己の意匠を出願していない場合は、侵害を甘んじて受けるしかないですが、出願している場合は、その出願が拒絶されたとしても、本条で救済される余地があります。

事項索引

判決例索引

■地方裁判所

著者略歴
1952 年東京に生まれる。1976 年早稲田大学法学部卒業。1980 年弁理
士登録。弁理士法人レガート知財事務所。
2000〜2017 年まで中央大学法学部兼任講師、2013〜2019 年まで弁理
士試験委員（意匠）を務める。
『意匠法コンメンタール〔新版〕』（共編著、勁草書房、2022 年）『産
業財産権標準テキスト・意匠編〔第 2 版〕』（共著、発明協会、2006 年）
のほか、著書・論文多数。

33 のテーマで読み解く意匠法

2023 年 7 月 20 日　第 1 版第 1 刷発行

著　者　峯　　唯　夫

発行者　井　村　寿　人

発行所　株式会社　勁　草　書　房

112-0005 東京都文京区水道2-1-1　振替　00150-2-175253
（編集）電話 03-3815-5277／FAX 03-3814-6968
（営業）電話 03-3814-6861／FAX 03-3814-6854
本文組版 プログレス・大日本法令印刷・中永製本

寒河江孝允・峯　唯夫・金井重彦 編著
意匠法コンメンタール〔新版〕
14,300 円

金井重彦・鈴木將文・松嶋隆弘 編著
商標法コンメンタール〔新版〕
16,500 円

茶園成樹・上野達弘 編著
デザイン保護法
4,180 円

上野達弘・前田哲男
〈ケース研究〉著作物の類似性判断
ビジュアルアート編
3,520 円

角田政芳・関真也
ファッションロー
4,180 円

山本飛翔
スタートアップの知財戦略
事業成長のための知財の活用と戦略法務
3,960 円

勁草書房刊

＊表示価格は 2023 年 7 月現在。消費税は 10% が含まれております。